»Hätten meine Eltern mir erlaubt, den Schauplatz eines Buches, das ich las, selber aufzusuchen, so hätte das meiner Meinung nach einen unschätzbaren Fortschritt in der Eroberung der Wahrheit bedeutet.« Der sehnliche Wunsch des jungen Proust geht für den Leser des vorliegenden Buches in Erfüllung, mag es ihm als Begleiter auf literarischer Spurensuche oder auf Gedankenreisen dienen. Die hier vereinigten zehn Städtebilder verbinden sich zu einer literarischen Land- oder Himmelskarte, die freilich weniger für Literaturtouristen gedacht ist als für Entdeckungsreisende. Es geht nicht um die Nachprüfung von Wirklichkeiten, die in poetische Werke eingegangen sind, sondern um die Veränderung unserer Wahrnehmung. Wir sehen Wien oder Prag mit anderen Augen, wenn wir Hofmannsthal oder Kafka gelesen haben, und wir lesen Goethes Suleikalieder anders, wenn wir den Heidelberger Schloßpark kennen, hören einen Satz wie »Den 20. Jänner ging Lenz durchs Gebirg« anders, wenn wir – mit Büchners *Lenz* – durch die Vogesen gewandert sind. »Dichters Lande« und »Land der Dichtung« durchdringen sich in der Schilderung dieser literarischen Landschaften, die als Serie erstmals in der *Süddeutschen Zeitung* veröffentlicht wurde.

insel taschenbuch 2182
Literarische Landschaften

Literarische Landschaften

Von Albert von Schirnding
Mit zahlreichen Fotografien
Insel Verlag

Filiolo carissimo

insel taschenbuch 2182
Erste Auflage 1998
Erstausgabe

Text- und Bildnachweise am Schluß des Bandes
Vertrieb durch den Suhrkamp Taschenbuch Verlag
Umschlag nach Entwürfen von Willy Fleckhaus
Satz und Druck: MZ Verlagsdruckerei GmbH, Memmingen
Printed in Germany

1 2 3 4 5 6 – 03 02 01 00 99 98

Inhalt

Zürich, zum Beispiel

Meinen Sie Zürich zum Beispiel« – wenigstens schriftlich wollte ich ohne diesen Ohrwurm auskommen, den ich auf meinen Gängen durch die Stadt nicht loswerden konnte. Das Gedicht ›Reisen‹ von Gottfried Benn, das mit dieser Zeile beginnt, hat ja auch mit Zürich herzlich, unherzlich wenig zu tun; jeder andere versmaßgerechte Name einer Großstadt könnte an Zürichs Stelle stehen. Nirgends Wunder und Weihen – nicht in Paris, Venedig, New York, Rio, Habana (»weiß und hibiskusrot«), und eben auch in Zürich nicht.

Nichts zu wollen, dem Gedicht war nicht zu entkommen. »Ach, vergeblich das Fahren«, und ebenso vergeblich das Verdrängen der früh vernommenen Strophen. Nun wollte ich es ganz genau wissen: Wieso war ausgerechnet Zürich in die erste Zeile geraten? Gab es eine besondere Beziehung Gottfried Benns zu dieser Stadt?

›Reisen‹ ist Ende Juni 1950 entstanden, wurde in der Weihnachtsausgabe der ›Neuen Zeitung‹ erstmals abgedruckt und erschien im Jahr darauf in der Sammlung ›Fragmente‹. (Das war eines jener grauen Limeshefte, die uns Nachkriegsjugendlichen in eine sanfte Dauertrance versetzten. Wenn sie nachzulassen begann, erschien pünktlich ein neues Bändchen.) Zu einem Zürich-Gedicht wurde dieses Reise-Gedicht durch eine Ansichtskarte. Der Orientalist Hans Heinrich Schaeder hatte sie am 21. August 1951 aus Marbach, wo Benn in der Universität seinen Vortrag ›Probleme der Lyrik‹ hielt, geschrieben: die erste Strophe von ›Reisen‹ mit der Unterschrift des Dichters. Adressat war Max Rychner, der Feuilletonredakteur der ›Tat‹.

Sein lyrisches Comeback verdankte Benn dem jungen Journalisten Erhard Hürsch aus Winterthur, der den verfemten und fast vergessenen Autor wiederholt in Berlin besucht hatte. »Ein ziemlicher Lackel ..., der immer ohne Hut herumläuft«, schrieb der im Umgang fast übertrieben höfliche, im Urteil Dritten gegenüber unverblümt schroffe Dichter an seinen Brieffreund Oelze. Hürsch vermittelte das Manuskript der ›Statischen Gedichte‹ an Peter Schifferli vom Arche-Verlag. Sie erschienen 1948, nachdem der Verfasser »einige Konzessionen an die Stimmung der Eidgenossenschaft« hatte machen müssen. Er wollte keinen Anstoß erregen, sich »zunächst etwas als sanfter Heinrich einführen«.

Zürich, die Stadt Gottfried Kellers, war für Benn offenbar noch immer identisch mit Seldwyla, dem so lustigen und seltsamen. Else Lasker-Schüler, die er noch 1952 die größte Lyrikerin nannte, die Deutschland je hatte, war 1933 von der Zürcher Sittenpolizei aufgegriffen worden, als sie auf einer Parkbank übernachtete. »Zerschlagen kam ich blutend in Zürich an.« Der Zufluchtsort erwies sich – zunächst einmal – als Marterstätte. Nach sechs Nächten am See wurde sie wegen Landstreicherei verhaftet und verhört.

Zwanzig Jahre später, im März 1953, kehrte dann auch »Giselheer«, wie die Lasker-Schüler den Freund in einem »Dr. Benn« überschriebenen Zyklus genannt hatte, in die Stadt ohne Wunder und Weihen ein. Auf der Rückreise von Genf stieg er im Zürcher Hotel Glockenhof ab, wo Max Rychner ihn besuchte. Zwei Stunden lang unterhielt man sich »in einer Art Frühstücksraum, über das blaukarierte Tischtuch, den Tee und die Aprikosenkuchen hinweg«. Themen waren die vitale Seite des Schöpferischen, die Zivilisationsverluste, der Nihilismus.

Rahmen und Inhalt divergieren. Das Geistergespräch

über Menschheitsfragen am Tisch mit der blaukarierten Decke: in der Idylle der Abgrund, im Behaglichen das Ungeheure. Es ist das Zürich Georg Büchners und Lenins, der Dadaisten und des ›Ulysses‹-Autors. In gewissem Grade auch das Zürich Thomas Manns, der in Erlenbach überm Zürichsee, Glärnischstraße 12, eine so anstößige Erzählung wie ›Die Betrogene‹ schrieb. Und sich zwei Jahre später auf dem Dorffriedhof von Kilchberg nach kirchlichem Ritus im Ehrengrab der Gemeinde bestatten ließ.

James Joyce liegt auf der anderen Seite des Sees, am Fuß des Zürichbergs. Als der fast Neunundfünfzigjährige am 13. Januar 1941 im Zürcher Rotkreuzspital einer Magenoperation erlegen war, bot ein katholischer Priester ein kirchliches Begräbnis an, wurde aber von der Witwe abschlägig beschieden: »Das kann ich ihm nicht antun.« Nur drei Wochen vor seinem Tod war der Dichter mit seiner Familie zum dritten Mal nach Zürich gezogen – auf der Flucht vor den Kriegswirren in Frankreich. Der Einreise war ein zermürbender Kampf mit den Schweizer Behörden vorausgegangen. Ein Weihnachtsabend im Haus eines befreundeten Ehepaars, bei dem er und sein Sohn George irische und lateinische Lieder sangen; ein Zusammensein mit Freunden in einem Gasthof (»Hier weiß man noch, wo man steht, hier ist das Leben konstant geblieben«); zwei Abendessen in der Kronenhalle waren ihm noch beschieden. In Fluntern wurde er beerdigt.

Ordnung muß sein. Auf dem nicht weit vom Waldhaus und Grand Hotel Dolder gelegenen Friedhof herrscht der Geist der Sancta Regula, einer der drei Zürcher Schutzheiligen (neben Felix und Exuperantius). Alles in solidestem Pflegezustand; der Kanton sorgt für einheitlichen Blumenschmuck. Individuelle Abweichungen würden das Bild stören. Selbst die Steine, die nach jüdischem Brauch den Grabstein von Therese Giehse und ihrer Schwester Irma Gift beschweren, wirken wie drapiert. Ich schaue mich um, ehe ich einen dazulege.

Schnell ist die Sehenswürdigkeit des Platzes gefunden – auch wegen der seit dem 16. Juni 1966 (»Bloomsday«) aufgestellten Bronceplastik, die James Joyce mit übereinandergeschlagenen Beinen auf einem Sockel sitzend zeigt, in der einen Hand ein aufgeschlagenes Buch, in der andern die Zigarette. Auch der Stock fehlt nicht; es ist wohl weniger ein Spazier- als ein Blindenstock.

Im August 1917 hatte er bei einem abendlichen Gang durch die Bahnhofstraße einen schweren, überaus schmerzhaften Anfall von grünem Star erlitten, der wenige Tage später eine Augenoperation nach sich zog. ›Bahnhofstraße‹ heißt ein im Jahr darauf geschriebenes Gedicht, das dieses Ereignis mittels der Wortgleichung Star und Stern zum Augenblick der Lebenswende mythisiert. Die Augentrübung fällt mit einer Erleuchtung zusammen: Über dem Passanten in der Bahnhofstraße geht ein Unheilsstern auf: »Ah star of evil! star of pain! / Highhearted youth comes not again.«

Joyce war damals fünfunddreißig Jahre alt; Hälfte des Lebens. Dreieinhalb Jahre blieb er in Zürich, vom Juni 1915 bis Ende 1918. Joyce gehörte zu den zahllosen Asylanten, die während des Ersten Weltkriegs die Stadt bevölkerten; er hatte seine zweite Heimat Triest verlassen müssen. Odysseus war am Zürcher See gestrandet; die Stadt wurde zu seiner Phäakeninsel. Fritz Senn, der stupende Joycekenner, Direktor der ›Zürich James Joyce Foundation‹ in der Augustinergasse 9, sozusagen des Konkurrenzunternehmens zum auf der anderen Seite der Limmat gelegenen Thomas-Mann-Archiv, könnte haargenau Auskunft geben, welche Teile des ›Ulysses‹ jeweils in den häufig wechselnden Zürcher Wohnungen des Dichters entstanden sind. Ich begnüge mich mit einem Blick zur Gedenktafel an der Universitätsstraße 38.

»An Joyce's Grab verweht die Menschensprache«, dichtete Yvan Goll. Auf der zu Füßen der Broncefigur eingelassenen Steinplatte sind unter Joyce' Namen die von Nora Barnacle, gestorben 1951, und Sohn George, gestorben 1976, verzeichnet; die Tochter Lucia, schon zu Lebzeiten geistig abwesend, fehlt. Nora und die Kinder waren in Zürich von Anfang an dabei, die Wohnungen wurden meist zu eng, und Joyce wich in die Cafés und Restaurants aus, wo die Emigranten ihre Zweitwohnungen, manchmal auch ihren Hauptwohnsitz hatten; im ›Odeon‹, der »Heimat der Refractäre, Revolutionäre, Deserteure« (Stefan Zweig), im ›Terrasse‹, im ›Café des Banques‹, wo Emmy Ball-Hennings als Diseuse auftrat, in der ›Kronenhalle‹ oder im ›Pfauen‹.

Heute findet man nur noch in der ›Kronenhalle‹ am Bellevue ein Stück von der legendären Vergangenheit, die tief ins neunzehnte Jahrhundert zurückreicht: »In die Kronenhalle gehn und das Weitere dort besehn«, schrieb schon Gottfried Keller. Obwohl die Chagalls und Picassos den notorischen Wandschmuck bilden, trifft man nicht auf das Gralshütergehabe in vergleichbaren Gourmet-Tempeln. Jeder wird hier ausgesucht höflich behandelt. Als walte die Wirtin Hulda Zumsteg noch immer ihres Amtes. Fünf Tage vor seinem Tod hatte Joyce bei übrigens gutem Appetit ihr anvertraut: »Vielleicht werde ich nicht mehr lange hier sein.«

Das ›Odeon‹ gegenüber haben die Schwulenpärchen in Beschlag genommen, auch recht. Aber ein Karl Kraus, der an einem der runden Tischchen an den ›Letzten Tagen der Menschheit‹ arbeitet, oder, um bescheidener zu sein, ein literarischer Freundesbund wie die von Max Rychner gegründete Freitagsrunde mit den Feuilletonpäpsten Eduard

Korrodi, Erwin Jaeckle, Werner Weber und den Literaturprofessoren Robert Faesi und Emil Staiger ist in der neuen Umgebung nicht mehr recht vorstellbar.

Als ich 1956, einundzwanzigjährig, nach Zürich kam, versammelten sie sich noch dort, und man konnte sich, in Max Frischs ›Tagebuch‹ lesend (dem frühen, unwiederholbaren, im zweiten, viel späteren Band nur matt reflektierten), einbilden, man gehöre ein bißchen dazu. Wozu? Zu keiner wohletablierten Freitagsrunde, auch nicht zu den Zirkeln der eher Aufmüpfigen wie dem eines Rudolf Jakob Humm; die Zeiten, da »bei uns«, nämlich im Rabenhaus am Hechtplatz, die zugereisten und die eingesessenen Dichter aus- und eingingen, waren ohnehin bereits Geschichte der dreißiger Jahre. Wozu also? Zum Ganzen: einer aus dem Stoff von drei Jahrhunderten gewobenen geistigen Sphäre, die ich in München, dem wirtschaftswunderglitzernden, vergeblich suchte.

Von Isar-Athen hatten die Bomben und die Wiederaufbauer nichts übriggelassen. Mit wieviel größerem Recht schien mir Zürich seinen Ehrennamen Limmat-Athen zu tragen. Trotz ihrer obszön zur Schau gestellten Reichtumsschwere war selbst die Bahnhofstraße primär ein Ort literarischer Erinnerungen; waren doch gerade erst zwei Jahrzehnte vergangen, seit am Paradeplatz sich alles traf, was in Deutschland und Österreich den Nazis entronnen war, und das war für mich damals ausnahmslos alles, was zählte.

Nein, mich fiel keine Leere an in der Bahnhofstraße, die in Benns Gedicht außerdem falsch, mit doppeltem s, geschrieben ist. Und er war ja auch nicht dabeigewesen. Ich hörte die Stimmen von Klaus und Erika Mann, Tucholsky und Polgar und Kerr, Werfel und Zuckmayer. »Es war«, erinnerte sich dieser, »eine fortgesetzte Springprozession des Wiedersehens und der Begrüßung, was wir da auf der vornehmen Bahnhofstraße vollführten, und die Einheimischen, immer mit etwas verdrossenen Mundwinkeln, da sie ja gar keine Sorgen hatten, auf ihre Trambahn wartend, schauten befremdet zu, wie wir uns da umarmten und laute, aufgeregte Gespräche führten.«

Ich hatte das Gefühl, heimzukommen – in das verlorene Paradies des Exils. Nicht nur in das jüngst zurückliegende. Saß nicht im Café ›Nebelspalter‹ Leonhard Frank, mitten im Ersten Weltkrieg, unansprechbar über sein Schreibheft gebeugt? In der Stille eines aus Gesprächsfetzen, Gelächter, Tellerklappern und Streichkapellenklängen gebauten Turms schrieb er wie ein Besessener an seinem Buch ›Der Mensch ist gut‹. Es wurde ein Erfolg, und sein Verfasser kaufte sich am Stadtrand in der Zeppelinstraße ein Haus mit Garten, das er ein Jahr später binnen drei Stunden wieder losschlug. Die Extrablätter hatten »Revolution in Deutschland« gemeldet.

Ebenso überhastet hatte am Ostermontag des Vorjahres der Untermieter des Schuhmachermeisters Titus Kammerer in der Spiegelgasse 14 Zürich verlassen. Aus dem Fenster des abfahrenden Zuges soll Lenin gerufen haben: »Das müßte schon sehr schlimm sein, wenn ich wieder nach Zürich zurückkomme«, ein eher vom Prinzip Hoffnung als vom Widerwillen gegen den Ort seines Exils eingegebenes Wort.

Spiegelgasse 1, in der ›Holländischen Meierei‹ des Herrn Ephraim. Hier, im ›Cabaret Voltaire‹, traten nur Nicht-Schweizer auf: Hugo Ball und Emmy Hennings, Tristan Tzara, Marcel Janco, Hans Arp, Richard Huelsenbeck. »Dada ist eine neue Kunstrichtung«, verkündete Hugo Ball im ersten dadaistischen Manifest. »Das kann man daran erkennen, daß bisher niemand etwas davon wußte und morgen ganz Zürich davon reden wird.« Zürich schwieg davon auch morgen. Leonhard Franks Spiegel-Ich Michael (›Links wo das Herz ist‹) hält den Dadaismus für eine totgeborene Sache und die Dadaisten für Flüchtlinge aus der schweren Zeit. Tristan Tzara, »ein schwarzhaariges kleines Bürschchen mit Riesenstirn, käseweiß«, hätte die Zeile nicht ablehnen dürfen, die Michael zum gemeinschaftlichen Nonsensgedicht beigesteuert hatte. Aber jede Zeile wurde zurückgewiesen, wenn Tzara noch geringste Spuren eines Sinns darin entdecken konnte. Michael fand den Zynismus der Dadaisten bescheiden, doch diese Bescheidenheit »ein klein bißchen mit Blut besudelt«.

Das ›Cabaret Voltaire‹ war aber überhaupt nicht bescheiden, so wenig wie Richard Wagner, dessen vor einem halben Jahrhundert im Zürcher Exil entstandene ›Walküre‹ im April 1916 im Stadttheater gespielt und von Lenin besucht wurde. Der Dadaismus wollte das Wort von den Sachen befreien, weil diese Sachen einer stickigen Wirklichkeit von stupender Selbstzufriedenheit angehörten. »Dada Weltkrieg und kein Ende, Dada Revolution und kein Anfang.« Als dann der Weltkrieg zu Ende war und die Revolution ihren Anfang nahm, ging es auch mit Dada zu Ende: Am 9. April 1919 wurde im ›Saal zur Kaufleuten‹ die ausgelassene Totenmesse gefeiert.

Peter Weiss hat in seiner ›Ästhetik des Widerstands‹ aus dem Nebeneinander in der Spiegelgasse eine Synthese zu schmieden versucht: »Hoch oben an der buckligen Gasse, da fand das Planen statt, tief unten, da entlud sich die phantastische Unvernunft. Die Spiegelgasse wurde zum Sinnbild der gewaltsamen, doppelten, der wachen und der geträumten Revolution.« Zwei Sätze, die wenig über die topographische und historische Realität sagen, aber viel über die Größe und Schwäche des monumentalen Romanwerks.

Wladimir Iljitsch Uljanow war mir im Herbst des Ungarn-Aufstands furchtbar gleichgültig; um so mehr lag mir am Bewohner des Nachbarhauses. Im Haus Nr. 12 der Spiegelgasse, die seinerzeit noch Steingasse hieß, lebte vom 18. Oktober 1836 bis zum 19. Februar des folgenden Jahres, seinem Todestag, das »flüchtige Individuum« Georg Büchner, dreiundzwanzig Jahre alt. Mit einer Probevorlesung ›Über Schädelnerven‹ hatte er sich an der neugegründeten Universität habilitiert. Auf meiner Bewußtseinsbühne agierten Lenin und Büchner gegeneinander wie Robespierre und Danton, nur daß sich der französische Revolutionär dank seinem Dichter viel schärfer vor mir abzeichnete als der russische.

Nichts war einem Studenten in der jungen Bundesrepublik fremder als der Marxismus. Aber in der ›Neuen Zürcher Zeitung‹ entdeckte ich eine wenig mehr als briefmarkengroße Anzeige: Die Studentenschaft der Universität lud zu einem »Vortrag ›Lyrik und Gesellschaft‹ von Prof. Dr. Th. W. Adorno, Frankfurt a. M.« ein. Der Eintrittspreis von Fr. 1,10 erschien mir hoch, da ich eben für zwei Franken zu Abend gegessen hatte. Trotzdem pilgerte ich hinauf zum Semperbau der Eidgenössischen Technischen Hochschule, deren Kuppel schon winterlich umnebelt war – Wahrzeichen, wie mir schien, einer Fluchtburg, in der man vor den Nachstellungen des gefürchteten Lebens für immer geborgen war.

Drinnen bot sich dann freilich ein eher tristes Bild. Nur ein Häuflein Zuhörer hatte sich eingefunden und besetzte sehr vereinzelt die Bänke im schwach beleuchteten Hörsaal. Von dem Vortrag verstand ich fast nichts. Ich ging dann zum nahen Bodmerhaus in der Schönberggasse, um das Glück der nachmittäglichen Entdeckung zu erneuern. Beim Umherstreifen war ich vor den Eingang mit der Marmortafel geraten, die mir verkündete, daß hier Klopstock, Wieland, Goethe und die Brüder Stolberg und nochmals Goethe mit seinem Herzog zu Gast gewesen waren.

Limmat-Athen: das verlorene Paradies des Exils, ein Ort literarischer Erinnerungen

Hinunter durch die Florhofgasse zum Heimplatz, wo das Kunsthaus über dem ehemaligen Pestfriedhof zum Krautgarten steht. Dort wurde Büchner am 21. Februar 1837 beerdigt. Als der Friedhof aufgelöst wurde, versetzte man das Grab auf den Germaniahügel am Zürichberg. »Mit dem Jugendmut ist's fort«, hatte er der Braut in seinem letzten Brief mitgeteilt – die Insel-Ausgabe trug ich als meine Bibel mit mir.

Jugendmut, Jugendübermut: Der sechsundzwanzigjährige Klopstock schäumte davon über – zum Befremden seines Gastgebers Bodmer. »Da, da kamest du, Freude! Volles Maßes auf uns herab!« So steht's in der Ode ›Der Zürchersee‹. Heinrich Leuthold, hundert Jahre nach Klopstock in Wetzikon bei Zürich als Sohn einer Hausiererin geboren, in der Irrenanstalt Burghölzli gestorben, hatte am Münchner Hof vergeblich sein Glück gesucht. Eine flackernde Existenz, ein etwas jüngerer Bruder Büchners, dem aber die eigene Sprache fehlte. Seine Ode an den Heimatsee ist eine bittere Klage über die verschwundene Herrlichkeit von Limmat-Athen; ein neues, den Götzen des Tages huldigendes Geschlecht bewohnt die Ufer. Doch das Strophenmaß ist das alte, von Klopstock verwendete. An seinem Epigonentum ging Leuthold zugrunde.

Wieviel mehr an Zauber, Melodie, Strenge wußte diesem Schicksal des Zuspätkommens der nahezu gleichaltrige Conrad Ferdinand Meyer abzugewinnen. Von Kilchberg aus, wo er unter einem schwarzen Obelisken ruht, sieht man den See, wie er ihn sah – im Licht des zu Ende gehenden Säkulums. Es ist der Augenblick der »eingelegten Ruder«: »Nichts, das mich verdroß! Nichts, das mich freute! / Niederrinnt ein schmerzenloses Heute!« Wie Leuthold verdämmerte er in einer Heilanstalt.

Sein Zeitgenosse und Antipode war freudiger gestimmt.

Als die junge Ricarda Huch den alten Gottfried Keller an den Häusern des Zeltwegs hinstapfen sah, »klein und gebückt, für mich eine große, verehrte Gestalt«, war noch einmal »Frühling in der Schweiz« (so der Titel ihrer Erinnerungen an die in Zürich verbrachten Studienjahre). Heute sind die Ufer und Hänge zu beiden Seiten des Sees hoffnungslos verbaut; links der Limmat herrscht das Geld, rechts gibt die »Szene« den teils rüden, teils sterbensmüden Ton an. Aber wer auf literarischen Spuren durch diese Stadt wandert, ist gegen den Ansturm aktueller Verlustgefühle einigermaßen gefeit. Schon vor zweihundert Jahren schrieb Pestalozzi, wenn nicht Zürichs erster Schriftsteller, so doch sein größter Sohn: »Ich war jetzt bei dem Anblick des Zürichsees und meiner Stadt mehr als je über das Unglück dieser Jahre gebeugt. Ich setzte mich auf den großen Stein, neben dem ich stand. Meine Tränen flossen, und es war mir, ich sollte Stadt und Land in meine Arme fassen und mit ihnen benetzen.«

Dichtung und Wahrheit im 1200jährigen Frankfurt

Die erste fremde Stadt, die mir in einem Buch begegnete, war Frankfurt – längst bevor ich wußte, daß Goethe dort geboren war. ›Heidis Lehr- und Wanderjahre‹: Durch das hohe Fenster des Zimmers im herrschaftlichen Haus des Herrn Sesemann zu Frankfurt am Main sieht das Kind einen Turm mit goldener Kugel, und weil es wie von der Hütte des Alm-Öhi ins Tal hinabsehen will, beschließt es, sich unverzüglich auf den Turm zu begeben.

Idee und Wirklichkeit klaffen weit auseinander: So die bittere Lehre, die Heidi am ersten Morgen ihres Frankfurter Exils empfängt. Zum Greifen nah schien der Turm im Fenster, aber drunten ist nichts mehr von ihm zu sehen, und Heidi verläuft sich in steinernen Straßen. Als sie dann endlich doch droben steht, ist die Enttäuschung noch größer: keine grünen Matten, auf denen Geißen-Peter seine Herde weidet, auch kein schmelzender Schnee an den Hängen, sondern ein Meer von Schieferdächern, Türmen und Schornsteinen.

Frankfurt: Das war ein für allemal »die« Stadt, ein Ort der Entfremdung und Unwirtlichkeit, der jenes verzehrende und schließlich mond- und magersüchtig machende Heimweh nach dem verlorenen Paradies der ungezähmten Natur erzeugte. Johanna Spyris Schweizer Kinderbuchversion des Goetheschen ›Wilhelm Meister‹, die ihre Heldin freilich in der Fremde weder ein Königreich finden noch eine neue Welt entdecken läßt, sondern zum guten Ende wieder in die heile Heimat zurückschickt, erschien 1880 – im Jahr, als der kolossale Neurenaissance-Bau des Opernhauses in Anwesenheit Kaiser Wilhelms I. ›Dem Wahren, Schönen, Guten‹ geweiht wurde. Bismarck, vormals preußischer Gesandter beim Sitz des Deutschen Bundes, hatte den Anschluß der freien Stadt an Preußen bewerkstelligt. Nach dem »Frieden von Frankfurt«, den der Kanzler 1871 im Gasthof ›Zum Weißen Schwan‹ den besiegten Franzosen diktierte, war der Gründerzeitgeist mit Straßendurchbrüchen, Denkmalspomp, Repräsentationsbauten eingezogen, hatte aber vor dem inneren Bezirk respektvoll haltgemacht.

Der bewahrte bis zu seiner Zerstörung am 22. März 1944 den mittelalterlichen Charakter, den Goethe aus der Anschauung seiner Jugend in den ›Osterspaziergang‹ eingehen ließ, die – episodäre – Auferstehung der Frankfurter Bürger »Aus niedriger Häuser dumpfen Gemächern, / Aus Handwerks- und Gewerbebanden, / Aus dem Druck von Giebeln und Dächern, / Aus der Straßen quetschender Enge...« Heidi hat eine illustre Vorgängerin: »Sie steht am Fenster, sieht die Wolken ziehn / Über die alte Stadtmauer hin.« Gretchen, das »arme, affenjunge Blut«, sehnt sich, wie sein Dichter, aus der kleinen Welt dieses Frankfurt hinaus, um an ihr elend zugrunde zu gehen – anders als sein Dichter, der beizeiten das Weite sucht.

Für Heidi ist die Gefangenschaft in dem naturfernen Labyrinth, wo das Rollen der Wagen das Tosen des Föhns in den Tannen ersetzt, die Menschen aneinander vorbeilaufen, ein Fräulein Rottenmeier beim Anblick junger Kätzchen in Panik gerät und der Herr Kandidat sich ebenso hartnäckig wie erfolglos bemüht, der achtjährigen Wilden das Abc beizubringen, nur ein böses Intermezzo. Der Versuch, das Naturkind durch die moderne Zivilisation zu verstümmeln, mißlingt.

Dieses Scheitern spricht auch aus dem anderen, noch berühmteren Kinderbuch, das mit Frankfurt zu tun hat: dem

›Struwwelpeter‹. Aber sind Daumenlutscherkonrad, Zappelphilipp, Suppenkaspar und fliegender Robert nicht Heidis genaue Antipoden, führen sie nicht als Opfer ihrer Unarten den Triumph eben jenes Zivilisationsprozesses vor, den der von Rousseau inspirierte helvetische Geist der Geschichte »für Kinder und auch für solche, welche die Kinder lieb haben« in seine Schranken verweist? Die Betrachtung des phantasievollen Struwwelpeterbrunnens nahe der Hauptwache mit dem seit 1985 lichterloh brennenden Paulinchen und den anderen bestraften Bösewichtern nebst dem seinen Jäger übertölpelnden Hasen könnte eines anderen belehren: Der Frankfurter Arzt und Psychiater Heinrich Hoffmann, der vor hundert Jahren starb und in der Nachbarschaft von Marianne von Willemer, Carl Gutzkow, Arthur Schopenhauer, Friedrich Stoltze, Ricarda Huch und Theodor W. Adorno im alten Teil des Hauptfriedhofs begraben liegt, hatte vor allem »lustige Geschichten und drollige Bilder« im Sinn, als er die bald in alle Weltsprachen übersetzten Episoden für seinen vierjährigen Sohn Carl Philipp zu Weihnachten 1844 »leicht in flüchtiger Weise« zu Papier brachte.

Man kann einen ganzen Frankfurt-Tag in den Spuren des ›Struwwelpeter‹-Autors wandeln: Nicht nur das aus der Hochstraße unlängst in die Kunsthalle Schirn beim Dom verpflanzte Struwwelpeter-Museum, sondern auch das Heinrich-Hoffmann-Museum in der im Westend gelegenen Schubertstraße lohnt einen Besuch. Auf dem Friedhof hat auch Paulinchens freilich nicht den neumodischen Zündhölzern, vielmehr der Schwindsucht zum Opfer gefallene Namengeberin Pauline Schmidt ihr Ehrengrab. Wer ein übriges tun will, begibt sich in den Grüneburgweg 95 beim Palmengarten, wo eine Tafel an die Bewohner Hoffmann und Engelbert Humperdinck erinnert. Nicht anders als der

›Struwwelpeter‹ war auch die Urfassung der Oper ›Hänsel und Gretel‹ für den Hausgebrauch angefertigt worden, ehe das in Frankfurt 1891 vollendete Werk zu Weihnachten 1893 in Weimar unter dem Dirigenten Richard Strauss uraufgeführt wurde.

Zunächst hatte ›Hänsel und Gretel‹ den Titel eines ›Kinderstuben-Weihfestspiels‹ getragen: Das Märchen hatte über den Mythos des von Humperdinck vergötterten Meisters Richard Wagner gesiegt. Eigentlich hätte Adorno seine helle Freude daran haben müssen, sah er doch im Falle des Wagnerschen ›Siegfried‹ die Preisgabe des Märchenelementes an den Mythos als folgenschweres Unglück an. Vom Grüneburgweg ist es nicht weit zur Nummer 123 des Kettenhofwegs, wo der Mitbegründer der ›Frankfurter Schule‹ in einem Westendhaus wohnte, das wie eine düstere Version der Villa Wahnfried wirkt. Ich suche auf der Hofseite nach der Dachrinne, in der der Ball jenes fünfjährigen Mädchens lag, das eines Nachmittags, als der Professor, mit einer besonders schwierigen Arbeit beschäftigt (war es die ›Negative Dialektik‹?), allein zu Hause war, Sturm läutete und den kurzatmigen und herzkranken Mann gnadenlos herumkommandierte. Unfähig, sich der Befehlsgewalt der immer schrilleren Stimme des Kindes zu entziehen, versuchte er mit einem Spinnwebbesen den Ball zu erreichen, natürlich erfolglos.

Marie Luise Kaschnitz hat Adornos Erlebnis mit dem dämonischen Mädchen in ihrem Buch ›Tage, Tage, Jahre‹ der Nachwelt überliefert. Das Zeitalter der Harmlosigkeit, auch der Kinder, für die ›Struwwelpeter‹ und ›Heidi‹ geschrieben wurden, war vorüber. Irgendwann, merkwürdigerweise nicht synchron mit der Erfahrung der Zerstörung der Stadt, sondern als sehr verzögertes Echo auf sie und alle die anderen Untergänge, für die sie so atemberaubend beispielhaft steht, fiel die Dichterin aus dem Stand lyrischer Unschuld, von der ein Rest selbst noch ihrem 1947 erschienenen Zyklus ›Rückkehr nach Frankfurt‹ anhaftet.

Mit ihrem Mann, dem an die Goethe-Universität berufenen Archäologen, war sie in die Wiesenau bei der Bockenheimer Landstraße gezogen, als gerade die ersten Bomben gefallen waren, und bald nach Kriegsende kehrte sie aus dem Taunus in die zerschlagene Stadt zurück. Nun stand sie vor dem Goethehaus am Hirschgraben, »Wo man Geräte und Bilder gehegt / Und Uhr und Puppenspiel«, und das jetzt ein Loch und ein Haufen Dreck war. Da sieht sie den Dichter plötzlich am Straßenrand stehen, sieht das unversehrte Haus sich in seinen Augen spiegeln und weiß ihn »unerreicht / Vom blutigen Vergehen«. Wenige Jahre später hätte sie so etwas nicht mehr gesagt. Inzwischen war die Rekonstruktion des Goethehauses abgeschlossen worden. Am 25. Juli 1949 fand in der ebenfalls wieder aufgebauten Paulskirche eine Feier statt, deren Höhepunkt Thomas Manns ›Ansprache im Goethejahr‹ bildete. Tags darauf führte Ernst Beutler, der Leiter des Freien Deutschen Hochstifts, Thomas Mann durch das bis ins kleinste Detail wiedererstandene Goethehaus. Es war der erste Deutschlandaufenthalt des ›Faustus‹-Autors seit seiner Emigration.

Thomas Manns »Chauffeur«, der Schweizer Industriechemiker Georges Motschan, weiß in seinen Erinnerungen an die Reise Erschreckendes über das Benehmen der Frankfurter Honoratioren zu berichten: Beim abendlichen Bankett muß es nach dem ziemlich frühzeitigen Aufbruch Thomas Manns und des Oberbürgermeisters Kolb nicht gerade in dem von dem Festredner beschworenen Geist Goethescher Humanität zugegangen sein. Die Zurückgebliebenen fielen über Champagner, Schnaps, Gänseleber und Hummer her, und zu fortgeschrittener Stunde begann man »nazistische Lieder übelster Art« zu grölen. Und das »in dem Hause, wo Thomas Mann der Gast des Oberbürgermeisters war und wo er, ein oder zwei Stockwerke höher, der Nachtruhe pflegte, wenn denn angesichts der Lautstärke des Gegröles von Schlaf im Hause überhaupt die Rede sein konnte«. Unter vier Augen hatte Thomas Mann kurz vorher zu Motschan geäußert: »Was glauben Sie, junger Schweizer-Freund, wieviel Blut wohl an all den Händen klebt, die ich heute habe drücken müssen, wieviel?«

Walter Dirks, mit Eugen Kogon zusammen Herausgeber der für das geistige Klima der Nachkriegszeit so einflußreichen, wenn auch nicht genug einflußreichen ›Frankfurter Hefte‹, hatte 1947, im selben Jahr, als der ›Totentanz‹ der Kaschnitz mit der ›Rückkehr nach Frankfurt‹ erschien, einen vehementen Artikel gegen den geplanten Wiederaufbau des Goethehauses veröffentlicht, in dem er ein Sinnbild der sich anbahnenden Restauration sah. »Es gibt Zusammenhänge zwischen dem Geist des Goethehauses und dem Schicksal seiner Vernichtung.« Neben diesem geschichtlich-moralischen Einwand argumentierte Dirks von Goethe her: Das Ergebnis könne nur schlechte Nachahmung oder peinliche Fälschung sein. Schon bald werde das Schein-Haus der Fremdenindustrie überlassen bleiben. Sätze, die mir wieder einfielen, als ich durch die vier Stockwerke des Hauses ging – zwischen Hunderten von fotografierenden Japanern.

Die Tür zur eigenen geist- und kunstgläubigen Vergangenheit muß hinter der Kaschnitz etwa gleichzeitig mit der Fertigstellung der seit 1951 wieder allgemein zugänglichen Gedenkstätte zugefallen sein. »Fragt man mich«, schrieb sie, »warum ich an dieser Stadt hänge, der Trümmerbraut, jetzt eine fette Madam, die mit Brillantringen an der Kasse sitzt und die Kasse klingeln läßt, die aber einmal anders war, jung, zigeunerisch, wild und Träume hatte, Todesträume und Lebensträume, die rannte und schleppte und Schlange stand, nichts mehr wußte von Kaiserkrönung und von der hier aufgewachsenen Exzellenz. Es konnte noch alles aus ihr werden, und was, bitte, ist aus ihr, aus uns geworden. Aber für mich ist das alles eben noch sichtbar, ich kann es nicht vergessen, ich vergesse es nicht.« Das Präsens dieses Textes aus dem Jahr 1966 ist zum Präteritum geworden; doch kann es nicht schaden, sich heute, 1994, im fröhlichen Jubiläumsjahr der 794 in einer Schenkungsurkunde Karls des Großen zum erstenmal namentlich erwähnten Stadt dieses literarischen Nichtvergessens zu erinnern.

Wiesenau 8: ein Allerweltsmiethaus mit einer schönen Trauerweide im Vorhof; Gott sei Dank, keine Gedenktafel für die vor zwanzig Jahren gestorbene Dichterin. Sie glaubte, die Verwandlung des ganzen Stadtviertels in eine Banken- und Versicherungslandschaft stehe unmittelbar bevor. Noch gab es Kastanienalleen, Parks und einen Restbestand jener für die Bockenheimer Landstraße und ihre Umgebung so charakteristischen noblen und einfachen Häuser. Vor ihren Augen wurden Bäume gefällt und Villen abgerissen.

Das ›Tritonhaus‹, ein gigantisches Bürogebäude, steht heute an der Stelle, wo die Gontards zu Beginn des vorigen Jahrhunderts ein klassizistisches Landhaus besaßen. In der Parkanlage vor dem Riesenbau findet man eine in Stein gemeißelte Hölderlinstrophe. (Der sogenannte Adlerflychtsche Hof, wo im Sommer 1799 Hölderlin und Susette Gontard durch eine Hecke jeden ersten Donnerstag im Monat Briefe austauschten, lag freilich im Norden vor dem Eschenheimer Tor.) »Wirst du nun kommen?« schrieb Diotima mit gehetztem Bleistift in ihrer letzten Nachricht. »Die ganze Gegend ist stumm und leer ohne Dich! und ich bin so voller Angst.« Der Ersehnte kam, sie sahen sich, heimlich und eilig wie üblich, es war der Abschied. »Trennen wollten wir uns? wähnten es gut und klug? / Da wirs taten, warum schröckte, wie Mord, die Tat? / Ach! wir kennen uns wenig…« Doch immer kommt die Stunde, da die Klugheit über den Schrecken siegt.

Der Hölderlin-Gedenkstätte sieht man das schlechte Gewissen der ›Triton‹-Bauherren an. Anderswo in Frankfurt sind Kommerz und Kunst glücklichere Ehen eingegangen. Doch die Bilanz des heutigen Westend-Wanderers, der die Preisungen von Alfons Paquet, Benno Reifenberg und Erich Pfeiffer-Belli auf den genius loci, diese einzigartige Verbindung von Wohn- und Gartenkultur, im Ohr hat (kaum eine andere Stadt hat so hingerissene Liebhaber, so hinreißende Lobredner gefunden wie Frankfurt), fällt positiv aus. Die Entwicklung ist nicht in der in den fünfziger und sechziger Jahren eingeschlagenen Richtung weitergelaufen. Den sympathischen Stand der Dinge zeigt zum Beispiel das Literaturhaus mit seinem Intellektuellencafé an, das sich an der Bockenheimer Landstraße in der Villa Hoffmann etabliert hat.

Was für das Westend gilt, trifft so ziemlich auch für die Stadt im ganzen zu: Sie hat die schlimmsten Auswüchse der fetten Nachkriegsjahre überwunden. Jenseits von Trümmerbraut und Kassen-Madam kommt etwas vom Wesen Frau Ajas wieder zum Vorschein, deren Lebensfreundlichkeit trotz der unzähligen Übermalungen, die ein zweihundertjähriger Goethekult an ihrem Bild vorgenommen hat, den Leser ihrer Briefe noch immer unmittelbar berührt. Im Juli 1808, in ihrem Todesjahr, schreibt sie an den Sohn: »In dieser Jahres Zeit ist Franckfurth mit Frembten immer gepropft voll … so gar von Norwegen kommen sie, und alle sind erstaunt über die Schönheit in Franckfurth besonders aber außer der Stadt – die alten Wälle sind abgetragen und die alten Thore eingerißen um die gantze Stadt ein Parck ... man weiß gar nicht mehr wie es sonst aus gesehen hat – unsere alte Perücken hätten so was biß an den Jüngsten Tag nicht zu wegen gebracht.«

Frankfurt war Fürstentum von Napoleons Gnaden unter Bischof Dalberg, dem Primas des Rheinbundes, geworden. Damals nahm es den urbanen Charakter an, der mit der mittelalterlichen Handels- und Krönungsstadt zu etwas Einzigartigem verschmolz. Innere Weite und äußere Nähe: Man weiß es und ist doch jedesmal aufs neue überrascht, wie eng hier die Stätten beieinanderliegen, die sich um Goethe, die Brentano-Geschwister, Hölderlin, Börne, Schopenhauer als jeweils eigene Welten gruppieren. Bettina brauchte nur ein paar Schritte zu gehen, um aus dem (verschwundenen) Haus ›Zum Goldenen Kopf‹ in der Großen Sandstraße zur (verschwundenen) Wohnung der Frau Rath am Roßmarkt zu gelangen. Der (verschwundene) ›Weiße Hirsch‹, das weitläufige Stadthaus der Gontards, wo Hölderlin Ende Dezember 1796 seinen Antrittsbesuch absolvierte und wo es knappe zwei Jahre später zum großen Krach mit dem Hausherrn kam, lag im Hirschgraben ganz nahe beim Goethehaus. Vom – beklemmend verwahrlosten – Petersfriedhof mit den Gräbern von Goethes Vater und Susette Gontard sind es nur wenige Minuten zum Jüdischen Friedhof an der ehemaligen Judengasse. Aber auch Punkte, die ich mir weit abliegend vom Zentrum vorgestellt hatte, wie das (wieder aufgebaute) Willemer-Häuschen, lassen sich bequem zu Fuß erreichen.

Nach siebzehnjähriger Abwesenheit war Goethe am 28. Juli 1814 wieder in seine Vaterstadt gekommen. Er hatte Frankfurt gefürchtet und gemieden, »weil ich meine Mutter daselbst vermissen würde, ohne welche ich mir diese Stadt

Im Willemerhäuschen auf dem Mühlberg in Frankfurt-Sachsenhausen hat das ›Buch Suleika‹ in Goethes ›West-östlichem Divan‹ seinen biographischen Ursprung

niemals gedacht hatte«. Am Ankunftsabend ging er inkognito mit seinem Diener Carl Stadelmann durch die (wegen der Anwesenheit des Königs von Preußen) illuminierten Straßen. »Auf der Brücke wunderte ich mich über die neuen Gebäude und konnte überall wohl bemerken was sich verschlimmert hatte, was bestand und was neu heraufgekommen war.« Zuletzt begibt er sich vor das Haus im Hirschgraben und hört drinnen die Uhr schlagen, deren Ton ihm von Kindheitstagen vertraut ist.

Wie der Anfang, so war auch das Ende dieses denkwürdigen Sommers festlich beleuchtet. In der Nacht des 18. Oktober feierte die Stadt den ersten Jahrestag der Völkerschlacht bei Leipzig mit unzähligen Freudenfeuern, die in der Ebene und auf allen Höhen rings um Frankfurt brannten. Vom oberen Zimmer des turmartigen Willemer-Häuschens betrachtete Goethe mit dem kürzlich getrauten Ehepaar das Schauspiel. Marianne schenkte ihm zur Erinnerung eine Panoramakarte, auf der sie die Feuer mit Pünktchen markiert hatte; er schrieb Namen und Datum auf den Fensterpfosten, an dem sie gestanden hatten. Fast vierzig Jahre waren vergangen, seit Goethe auf dem Rückweg von Offenbach, wo er den Tag mit Lili verbrachte, hier auf dem Mühlberg im Freien übernachtet hatte. »Als ich wieder aufwachte, hatte die Dämmerung sich schon verbreitet … Da verharrte ich, bis die Sonne, nach und nach hinter mir aufgehend, das Gegenüber erleuchtete. Es war die Gegend, wo ich die Geliebte wiedersehen sollte, und ich kehrte langsam in das Paradies zurück, das sie, die noch Schlafende, umgab.«

Reben, Feld und Hügel in Suleikas Ostwind-Gedicht (erst die alte Marianne verriet dem Studenten Hermann Grimm, der Bettinas Schwiegersohn werden sollte, das Geheimnis ihrer Urheberschaft) erinnern an den 18. Oktober

1814 und den Ort des Zusammenseins. Ein Jahr später kehrte der 66jährige Goethe zum letztenmal in seine Geburtsstadt zurück. Gleichzeitig besuchte der junge Heinrich Heine in Begleitung seines Vaters die Frankfurter Messe. In einem Freimaurer-Lesekabinett machte man ihn auf die Gegenwart eines bekannten Frankfurter Journalisten aufmerksam: »Das ist der Doktor Börne, welcher gegen die Komödianten schreibt!«

Als Juda Löb Baruch in der Frankfurter Judengasse geboren, verdiente der damals Dreißigjährige sein Geld als Theaterkritiker, nachdem das Ende der liberalen Dalberg-Ära zur Entlassung des »Polizeiaktuars« geführt hatte. Als sich Heine auf der Durchreise nach München im November 1827 noch einmal in Frankfurt aufhielt, ging er mit Börne durch die Judengasse, deren Bewohner das Lampenfest Chanukka feierten. »Sehen Sie«, sagte Börne, »das ist der 18. Oktober der Juden, nur daß dieser makkabäische 18. Oktober mehr als zwei Jahrtausende alt ist, und noch immer gefeiert wird, statt daß der Leipziger 18. Oktober noch nicht das fünfzehnte Jahr erreicht hat, und bereits in Vergessenheit geraten.«

Von jenem 18. Oktober 1814 geht nicht nur ein Licht in das ›Buch Suleika‹ des ›Divan‹ aus; man kann seinen Widerschein auch im Brand der Börneplatz-Synagoge in der Pogromnacht vom 9. November 1938 und in dem Flammenteppich erkennen, der nach dem Luftangriff vom 22. März 1944 die Mainebene von der Nidda bis zum Sachsenhäuser Berg überdeckte. Die Spuren der Zerstörung sind dem Frankfurter Stadtbild überall eingebrannt, am deutlichsten vielleicht an der Stelle, wo Schopenhauer siebzehn Jahre lang lebte und am 21. September 1860 starb. Auf der Flucht vor der in Berlin ausgebrochenen Cholera, bei der Bettina von Arnim als selbstlose Pflegerin wirkte, war der Philosoph der Verneinung des Willens zum Leben in das als cholerafest geltende Frankfurt gekommen. Von 1843 bis zu seinem Tod wohnte er in der Uferzeile ›Schöne Aussicht‹, einer der prächtigsten Straßen der Stadt.

Heute ist die ›Schöne Aussicht‹ ausnehmend häßlich; die Phantasie muß hier alles leisten. Der kleine, immer vor sich hin murmelnde und mit seinem Bambusrohr gestikulierende Mann stieg, von Pudel Atma begleitet, durch einen von vier Säulen getragenen Portikus zehn Sandsteinstufen zur rundgewölbten Eingangshalle empor, um dann freilich eine sehr kärglich eingerichtete Wohnung zu betreten. Ein späterer Bewohner des Schopenhauerhauses, der von Benno Reifenberg als ›Lynkeus von Frankfurt‹ titulierte Fried Lübbecke, wurde zum Augenzeugen und Chronisten des Untergangs von Haus und Stadt. »Goethe und seine Vaterstadt, starben sie wirklich am zweiundzwanzigsten März, am Tage von Frühlingsanfang? Sie können nicht sterben – sie können sich nur wandeln.«

Heimat in der Fremde - Das Elsaß als literarische Landschaft

Den 6. Oktober von Straßburg in das am Fuß der Vogesen gelegene Städtchen Obernai, den Geburtsort von René Schickele. Weiter über Barr hinauf ins Gebirge Richtung Mont-Sainte-Odile. »Den 20. Jänner ging Lenz durchs Gebirg.« Hat man es nicht so im Ohr? Aber als ich auf dem Champ du Feu, der höchsten Erhebung der Mittelvogesen, zur Vorbereitung auf den Besuch von Waldersbach im Steintal die Anfangsseiten des Büchnerschen ›Lenz‹ nachlese, fehlt die Monatsangabe. Sie kommt im historisch-kritisch edierten Text nicht vor. Aus Büchners Vorlage, den Aufzeichnungen des Pastors Oberlin, die ihm der Straßburger Pfarrer Johann Jakob Jaeglé, der Vater von Büchners Braut Minna, zur Verfügung stellte, muß der »Januar« irrtümlich in die eine oder andere Fassung der postum veröffentlichten Novelle geraten sein. Die Handschrift ist nicht erhalten. Wieso dann auch noch mancherorts (z.B. in der lange maßgebenden Inselausgabe von Fritz Bergemann) die hochdeutsche durch die süddeutsch-österreichische Form »Jänner« ersetzt wurde, bleibt ein der Büchner-Philologie anheimzustellendes Rätsel.

Dieser »Jänner«-Irrläufer hat literaturgeschichtliche Epoche gemacht. »Vielleicht darf man sagen, daß jedem Gedicht sein ›20. Jänner‹ eingeschrieben bleibt? Vielleicht ist das Neue an den Gedichten, die heute geschrieben werden, gerade dies: daß hier am deutlichsten versucht wird, solcher Daten eingedenk zu bleiben?« Worte aus Paul Celans Rede beim Empfang des Büchnerpreises 1960. Gemeint ist, daß es seit Büchner bestimmte geschichtliche Daten gibt, die von der Kunst nicht mehr in eine höhere ungeschichtliche Wirklichkeit aufgehoben werden können. Lenz ist mehr als der Held einer Novelle, mehr als eine Kunst-Figur. Er ist (nach Celans Worten) »die Person, die wir auf der ersten Seite der Erzählung wahrnehmen konnten, der Lenz, der ›den 20. Jänner durchs Gebirg ging‹, er – nicht der Künstler und mit Fragen der Kunst Beschäftigte, er als ein Ich.« Wenige Monate später entstand Celans durch einen Besuch bei Walter Jens im Januar 1961 angeregtes Hölderlin-Gedicht mit dem erst auf dem Hintergrund des Büchnerschen ›Lenz‹ verständlichen Titel ›Tübingen, Jänner‹.

Aber Büchner, der Kronzeuge der in der Rede skizzierten Poetologie, hat genau das Gegenteil getan: Die präzise Chronologie in Oberlins Tagebuch ist zugunsten allgemeiner Zeitangaben aufgelöst. Der Dichter will sich vom Chronisten unterscheiden. Sein Lenz ist mehr als der historische, 1751 – eineinhalb Jahre nach Goethe – in Livland geborene Jakob Michael Reinhold Lenz, der als 20jähriger »Gesellschafter« von zwei Adeligen, die ausgerechnet Kleist heißen, in Straßburg mit dem Jurastudenten aus Frankfurt zusammentraf, Anschluß an dieselbe »Tischgesellschaft« fand; nach Goethes Weggang im August 1771 im Haus des Pfarrers Brion zu Sesenheim – als unglücklicher Nachfolger eines größeren, wenn auch unzuverlässigeren Liebhabers – zu Gast war; Straßburg 1776 verließ, um nach Weimar zu gehen, und, aus der Schweiz kommend, am 20. Januar 1778 zu Fuß durch die Vogesen in das abgelegene Steintal nach Waldersbach kam, weil die ratlosen Freunde von dem Philanthropen Oberlin einen wohltätigen Einfluß auf den Verstörten erhofften.

»Ich habe mir hier«, schreibt Büchner im Oktober 1835 aus Straßburg, wohin der von den hessischen Behörden per Steckbrief als »Staatsverräter« ausgerufene Medizinstudent geflohen war, »allerhand interessante Notizen über einen Freund Goethes, einen unglücklichen Poeten Namens Lenz verschafft, der sich gleichzeitig mit Goethe hier aufhielt und halb verrückt wurde. Ich denke darüber einen Aufsatz in der deutschen Revue erscheinen zu lassen.« Aber es wurde eben kein Aufsatz, sondern eine Erzählung daraus, die zwei Jahre nach Büchners Tod in dem von Karl Gutzkow herausgegebenen ›Telegraph für Deutschland‹ erschien, im Januar 1839.

Also keine Erinnerung an einen verschollenen, vergessenen Dichter, der am selben Ort, wo sechzig Jahre später das Lustspiel ›Leonce und Lena‹ zu Papier gebracht wurde, die Komödien ›Der Hofmeister‹ und ›Die Soldaten‹ verfaßt hatte, auch keine »interessante« pathologische Studie, der allenfalls ihr »20. Jänner« eingeschrieben worden wäre. Da weiß einer offenbar nicht mehr recht, was die Stunde geschlagen hat und wohin er eigentlich will. Das Raum-Zeit-Kontinuum hat sich aufgelöst, der unbehauste, desorientierte Mensch betritt mit Büchners Lenz die Szene der Literatur.

Die Ortsbesichtigung macht diesen Prozeß der Verallgemeinerung rückgängig. Wir stehen vor dem Wassertrog beim Waldersbacher Schulhaus, in dem Oberlin seinen Besuch einquartiert hatte. Gleich in der ersten Nacht stürzte sich Lenz ins eiskalte Wasser und »plattscherte drin wie eine Ente«. Bei Büchner wird die »Brunnbütte« zum »Brunnstein«. Er ist, so überzeugt man sich nun, tatsächlich aus Holz, dieser als literarische Reliquie sorgfältig gepflegte Lenz-Brunnen, der aber erst aus dem Jahr 1820 stammen soll. Die Feststellung solcher Unstimmigkeiten hat etwas Erleichterndes, weil sie die Literatur gegen die Wirklichkeit ins Recht setzen.

Wäre man also besser gar nicht erst hergekommen? Si-

Dorf im Elsaß – in dieser Landschaft sind Dichtung und Wahrheit eins geworden

cher bewiesen die Verfilmer der ›Lenz‹-Novelle den richtigen Spürsinn, wenn sie die Geschichte nicht an Ort und Stelle, sondern einmal in einem fränkischen Dorf, dann sogar in Manhattan spielen ließen. Der nach Authentizität hungernde Literatur-Reisende wird fast unweigerlich zum Opfer von Irreführungen. Die Suche nach einer eindeutig fixierbaren Vergangenheit, nach dem an den Dichter verlorenen »20. Jänner«, muß ihr Ziel verfehlen.

In Prousts ›Récherche‹ allerdings lesen wir den überraschenden Satz: »Hätten meine Eltern mir erlaubt, den Schauplatz eines Buches, das ich las, selber aufzusuchen, so hätte das meiner Meinung nach einen unschätzbaren Fortschritt in der Eroberung der Wahrheit bedeutet.« Es muß eine andere Wahrheit gemeint sein als die der literarischen Topographen, soweit sie sich im Identifizieren, »Verifizieren« erschöpft. Als ich Champ du Feu verließ, begann es zu regnen; ich mußte mich beeilen, wenn ich Waldersbach noch vor Einbruch der Dunkelheit erreichen wollte. Die Stille, die Einsamkeit legten sich aufs Herz. Warum ging mir die Fahrt durch die Vogesen so nahe? Weil ich die Landschaft wiedererkannte.

»Es war naßkalt, das Wasser rieselte die Felsen hinunter und sprang über den Weg. Die Äste der Tannen hingen schwer herab in die feuchte Luft. Am Himmel zogen graue Wolken, aber Alles so dicht, und dann dampfte der Nebel herauf und strich schwer und feucht durch das Gesträuch, so träg, so plump ... Anfangs drängte es ihm in der Brust, wenn das Gestein so wegsprang, der graue Wald sich unter ihm schüttelte, und der Nebel die Formen bald verschlang, bald die gewaltigen Glieder halb enthüllte; es drängte in ihm, er suchte nach etwas, wie nach verlornen Träumen, aber er fand nichts.« Wie hier Naturvorgang und Seelenzustand undividierbar ineinander übergehen, so verschmilzt das Wahrgenommene mit dem Gelesenen. »Das Lebensgefühl Prousts erscheint ständig begleitet und bereichert durch einen Strom künstlerischer Erinnerungen«, schreibt Ernst Robert Curtius in seinem Proust-Essay. »Seine Kunsterlebnisse wirken wie ein Resonanzboden, der den Klang jeder Stunde verstärkt.« Ein literarischer Text, mag seine Form noch so vollendet, noch so endgültig sein, ist demnach – Gottfried Benns mit solcher Suggestivität verfochtener Ästhetik zum Trotz – kein absolutes Gebilde, das jedes Zurück in die in ihm aufgehobene Realität ausschließt.

Immerhin stößt man in Waldersbach auch auf die Spuren eines sehr handfesten historischen Daseins: Im Musée Oberlin wird man höchst anschaulich über die weitgespannten und unermüdlichen Aktivitäten des merkwürdigen Mannes belehrt, der 1767, mit 27 Jahren, die Pfarrstelle im »elsässischen Sibirien«, in der »vogesischen Wüste«, wie das Steintal, Ban-de-la-Roche, genannt wurde, übernahm und bei seinem Tod, fast sechzig Jahre später, einen blühenden Landstrich zurückließ: Er entwässerte, ganz ohne faustische Kraftakte, Sümpfe, baute Wege, Brücken, Siedlungen, veredelte Obstbäume und Kinder, entwarf Unterrichtspläne und schrieb Lehrbücher, erfand Maschinen (darunter freilich auch ein Modell zur rationellen Fütterung von Gänsen, also zur Massentierhaltung), leistete Kulturarbeit im großen Stil: alles in allem die Verkörperung der Gegenwelt zu den nutzlosen Spielen der Poeten, die, wie Büchner, in der Arbeit einen »subtilen Selbstmord« sahen. Lenz teilte mit Oberlin eine rigorose Sexualmoral (»alsdenn diesen Trieb befriedigen ist Sünde«), andererseits, gut aufklärerisch, die Verwerfung der Lehre von der Erbsünde. Ein Gedenkstein in der Waldersbacher Kirche preist den »Pasteur et père«, auch sein Grab im nahe gelegenen Fouday, wo Lenz (»nach vorhergegangenen eintägigen Fasten, Bestreichung des Gesichtes mit Asche, Begehrung eines alten Sackes«) ein Kind namens Friederike von den Toten erwecken wollte, nennt Oberlin »père«.

Vor dem Wahnsinn des Dichters gelangte sein pädagogischer und therapeutischer Optimismus an eine unüberschreitbare Grenze. Es spricht für ihn, daß er seine Ohnmacht nach anfänglichen »Vorstellungen wider seine Entleibungssucht« sehr bald einsah. Lenz trug ihm den gewaltsamen Abtransport nach Straßburg nicht nach: Noch 1789, drei Jahre vor seinem Tod in Moskau, notierte er auf einem Zettel die Ähnlichkeit eines russischen Landstrichs mit dem »berühmten Steinthal, eine Tagesreise von Straßburg im Elsaß«.

Oberlins Lebensweg erstreckt sich nur über diese eine Tagesreise. An seinem Geburtshaus an der Place du Temple Neuf kommt jeder vorbei, der die Pâtisserie Christian besucht; sie ist in Straßburg, was in Wien das Demel, in Rom das Café Greco ist. Zu Oberlin paßt der gegenüberliegende Bau des Protestantischen Gymnasiums besser, wo sein Vater Lehrer war. In der deutschen freien Reichsstadt, einer Hochburg des Humanismus und der Reformation, war es 1538 gegründet und bald zur Akademie, einer philosophischen Fakultät, erhoben worden, aus der die zu Goethes Zeiten (des Sohnes wie des Vaters, der auch schon hier studiert hatte) berühmte protestantische deutsche Universität hervorging. Heute steht vor dem wilhelminischen Neubau der Universität in der nach 1871 in nordöstlicher Richtung erweiterten Stadt das 1904 errichtete Goethe-Denkmal, ins Pompöse verfälschend, was einmal zögernde Gesundung eines »Kränklings«, unerhörter Anfang und Aufbruch, leidenschaftliche, ihrer Zukunft ungewisse Gegenwart gewesen war.

Oberlins Seßhaftigkeit kontrastiert zur Flatterhaftigkeit

eines Lenz, eines Goethe, den Herder als »viel zu leicht und spatzenmäßig« charakterisierte. Im ›Urfaust‹ wird dann Mephisto Faust und Gretchen »Muthwillige Sommervögel« nennen. Im seligen Leicht-Sinn des Liebesaugenblicks lauert der Keim der Tragödie.

Sie nahm ihren Lauf. Man darf sich Frau Marthes Garten auch im Garten hinter dem Pfarrhaus zu Sesenheim, in der flachen Umgebung, am (inzwischen begradigten) Rheinufer denken. Hier ist alles literarisch vermittelt, der »Firnis der Fiktion«, von dem Goethe in ›Dichtung und Wahrheit‹ in anderem Zusammenhang spricht, zum unablösbaren Element des wirklichen Lebens geworden.

Schon im Namen des Ortes kommt die Vermischung der Sphären zum Ausdruck. Er lautet, wie er vor 200 Jahren lautete: Sessenheim; die in ›Dichtung und Wahrheit‹ überlieferte Form Sesenheim geht auf Goethes weichen Frankfurter Dialekt zurück. Die Metamorphosen, die diese Liebesbegegnung eines Einundzwanzigjährigen mit der achtzehnjährigen Pfarrerstochter Friederike Elisabeth Brion im Zusammenhang mit der Geschichte von Goethes Ruhm durchgemacht hat, reichen von ihrer poetischen Verklärung in den sogenannten Sesenheimer Liedern, dem nie genug zu bestaunenden Auftakt einer neuen lyrischen Sprache, in der Leidenschaft, Naturempfinden, Jugendgefühl zusammenklingen, über die Stilisierung zur Idylle im autobiographischen Rückblick des Zweiundsechzigjährigen bis zu Lehárs Friederike-Operette (von weit schlimmeren Verkitschungen abgesehen).

Der Verfasser von ›Dichtung und Wahrheit‹ behauptet, die Realität des ländlichen Pfarrhauses und seiner Bewohner bereits seinerseits in literarischer Brechung erfahren zu haben: im Medium der Lektüre von Oliver Goldsmiths ›Vicar of Wakefield‹. Der 1766 in England erschienene Roman wurde schon ein Jahr später ins Deutsche übersetzt. Herder, der zur Behandlung eines Augenleidens im September 1770, fünf Monate nach Goethes Eintreffen, nach Straßburg gekommen war, las ihn seinen Jüngern vor.

Friederike erschien dem von seinem Tischgenossen Weyland in Sesenheim eingeführten Studiosus also im Licht von Sophie Primrose, die ältere Schwester wandelte in der literarischen Spur Oliviens – freilich nur für die Leser von ›Dichtung und Wahrheit‹. Die chronologische Rechnung geht nicht auf: Als Goethe Mitte Oktober 1770 Friederike und die »kleine Welt, in der sie sich bewegte«, kennenlernte, war ihm der Roman noch unbekannt. In der jüngsten Biographie von Nicholas Boyle ist von Irreführung die Rede; die ganze Schilderung der ersten Begegnung sei nachweislich frei erfunden. Die etwa dreißig Briefe, die er ihr schrieb, wurden von der jüngsten Schwester verbrannt; nur das Konzept des ersten ist erhalten.

Die Wahrheit über das für Goethes Dichtung vielleicht folgenreichste Liebesverhältnis liegt also unter vielen schönen Worten und einem tiefen Schweigen begraben; den Rest besorgte die Verdrängung. Über das Ende heißt es: »Es waren peinliche Tage, deren Erinnerung mir nicht geblieben ist.« Trotzdem führt die Reise nach Sessenheim nicht nur in ein positivistisches Mißverständnis. Man muß freilich Glück haben und das Dorf ohne Touristen vorfinden. Dann geht von der Kirche mit dem weithin sichtbaren Zwiebelturm, in der Goethe in Friederikes Gesellschaft die »etwas trockene Predigt des Vaters nicht zu lang fand«, von dem bescheidenen Gebäude, das heute die Stelle des von Goethe gezeichneten, schon damals bedenklich baufälligen Pfarrhauses einnimmt, der noch erhaltenen Scheune, die auf der Rötelzeichnung ebenfalls zu sehen ist, ein Zauber aus, der Goethes Schweigen beredt macht. Berührend die

Inschrift auf der rechten Innenwand des aus einem klassizistischen Wachthäuschen 1961 gestalteten ›Goethe-Mémorial‹: »Goethe en Alsace – 2 avril 1770 – 14 août 1771 – Diderot Herder Rousseau Shakespeare – La cathédral – La Terre et la Ciel – Frédérique Brion – l'éveil du genie«.

Stichworte eines aufgehenden Lebens, das längst zum Bildungsgut erstarrt ist, einer anbrechenden Epoche, die spätestens die Generation der Enkel verwarf: »Die Dichter«, so Büchners seinem Lenz in den Mund gelegtes Kunst-Bekenntnis, »von denen man sage, sie geben die Wirklichkeit, hätten auch keine Ahnung davon, doch seyen sie immer noch erträglicher als die, welche die Wirklichkeit verklären wollten.«

Am östlichen Rand des Dorfes liegt der von einem Wäldchen bekrönte Hügel, ein erhöhter Hain, der den »reinlichen Platz« umschließt, wo Goethe laut ›Dichtung und Wahrheit‹ an einem der Bäume ein Brett mit der Inschrift ›Friederikens Ruhe‹ entdeckte. Dort fand sich das Paar zum ersten Mal allein, erklärte er ihr, in den Kleidern des Wirtssohns aus dem nahen Drusenheim, seine Liebe. »Es fiel mir nicht ein, daß ich gekommen sein könnte, diese Ruhe zu stören: denn eine aufkeimende Leidenschaft hat das Schöne, daß, wie sie sich ihres Ursprungs unbewußt ist, sie auch keinen Gedanken eines Endes haben und, wie sie sich froh und heiter fühlt, nicht ahnden kann, daß sie wohl auch Unheil stiften dürfte.«

Das Ende würde Verzweiflung sein. Gretchens Ruh ist hin, sie findet sie nimmermehr. Friederike fand sie wieder – nach Jahren. Dem Epilog, den Lenz auf diese ›Liebe auf dem Lande‹ dichtete (»Denn immer, immer, immer doch / Schwebt ihr das Bild an Wänden noch. / Von einem Menschen, welcher kam / Und ihr als Kind das Herze nahm«) folgte eine untragische Fortsetzung in Prosa: Friederike ging zu ihrem jüngeren Bruder Christian, der in Rothau im Breuschtal (einer der »Ur-Landschaften« in Schickeles Trilogie ›Das Erbe am Rhein‹) Pfarrer war, und wurde zur tatkräftigen Mitarbeiterin an Oberlins Reformwerk. Die Legende wollte es anders. Noch bei Thomas Mann muß sie als Gegenfigur zu Werthers Lotte herhalten. Da ist sie die »Arme unter ihrem Hügel im Badischen«, die sich »der Verkümmerung überlassen« hat.

Der Aufenthalt in der schlichten Laube ›Friederikeruh‹ läßt vergessen, daß man eine Bahnlinie überqueren und, schlimmer, eine ›Rue Goethe‹ durchfahren mußte, um hierher zu gelangen. Von dem Platz will Goethe am Horizont das Straßburger Münster gesehen haben. Wohl nicht mit den Augen des Leibes, sondern eines auf Zusammenschau bedachten Geistes. Der erste eilige Gang des Ankömmlings, der im (heute zur Unkenntlichkeit umgebauten) Wirtshaus ›Zum Geist‹ abgestiegen war, führte auf die Plattform des Turms, von wo der Blick, Zeit und Raum ineinanderschiebend, zugleich in die elsässische Landschaft und die eigene Zukunft ging; denn »dasjenige, was kommen soll und mag«, würde »auf alle Fälle, es sei nun Wohl oder Weh, unmerklich den Charakter der Gegend, in der wir uns befinden, annehmen«. Der Satz wurde zum mißverstandenen Stichwort für eine völkische Germanistik, die aus der Begegnung Goethes mit Herder den Mythos einer Wiedergeburt deutschen Wesens zusammenphantasierte, »hundert Jahre, seit Straßburg fiel, hundert Jahre, ehe es wieder auferstand« (Josef Nadler). Auch sie fand im Wirtshaus ›Zum Geist‹ statt, dessen Namen besser zu dem unbequemen und ungeduldigen, bitteren und bissigen Anreger als dem von den Dämpfen seiner mystisch-kabbalistischen Experimente im vergangenen Frankfurter Winter noch benommenen Schüler paßte.

Es ist immer heilsam, Mythen an ihrem Ort aufzusuchen, die Utopie auf ihre topographischen Bedingungen zurückzuführen. Wie bescheiden sind die Ausmaße des Terrains, auf dem sich die Figuren bewegten, die Vorgänge sich abspielten. Gleich hinter dem Haus ›Zum Geist‹ liegt die Thomas-Kirche, wo Herder predigte und in deren Nachbarschaft er sein von Goethe so eifrig besuchtes Quartier bezogen hatte. Es befand sich in der heutigen Rue Salzmann, die nach dem Präsidenten von Goethes Tischgesellschaft, dem Juristen Johann Daniel Salzmann, so heißt: Er war, wie Goethes und Lenzens Briefe, Jung-Stillings Lebenserinnerungen bezeugen, der väterliche Freund dieser auf Rat und Führung dringend angewiesenen, von jedem Druck der Luft in Unruhe versetzten Jugendlichen, ihr »guter Sokrates«. Diese Tischgesellschaft, die Urzelle des ›Sturm und Drang‹, hatte ihren Sitz in der wieder bei der Thomas-Kirche liegenden Rue de l'Ail (Knoblochgasse); Lenz trug dort oder in der ein paar Jahre später zur ›Deutschen Gesellschaft‹ umgestalteten ›Société de Philosophie et de belles Lettres‹ seine ›Anmerkungen über Theater‹ vor. In wenigen Minuten steht man vor dem Haus Nr. 36 am Alten Fischmarkt (Rue du Vieux-Marché-aux-Possions), wo Goethe während seines sechzehnmonatigen Straßburger Aufenthaltes bei einem Pelzhändler wohnte. Er mußte nur um die nächste Straßenecke biegen, um vor der Fassade des Münsters zu stehen.

»Da ich nun an alter deutscher Stätte dieses Gebäude gegründet und in echter deutscher Zeit so weit gediehen fand, auch der Name des Meisters auf dem bescheidenen Grabstein gleichfalls vaterländischen Klanges und Ursprungs war: so wagte ich, die bisher verrufene Benennung gotische Bauart ... abzuändern und sie als deutsche Baukunst unserer Nation zu vindizieren.« Eine Inanspruchnahme, die sich nichts davon träumen ließ, daß sie im Einmarsch der deutschen Truppen am 28. September 1870 und in der Hissung der Hakenkreuzfahne am Münsterturm im Juni 1940 ihre grobschlächtige Fortsetzung finden würde.

Man kann begreifen, daß Straßburg sich auch als eines der designierten Zentren des künftigen Europa betont französisch gibt, deutsches Geld in Buchhandlungen und Tankstellen nicht angenommen wird, die französischen Straßenschilder bis heute ohne deutsche Pendants geblieben sind und die so erwünschte Zweisprachigkeit einseitig als »Bilinguisme« propagiert wird. Auf dem Gedenkstein für René Schickele in der Nähe seines in der Mitte von Schwarzwald und Vogesen gelegenen Hauses in Badenweiler liest man Kasimir Edschmids Worte: »Sein Herz trug die Liebe und die Weisheit zweier Völker.« Noch ist die in seiner Person, seinem Werk vorweggenommene Synthese nicht eingelöst.

Vorhölle Arkadien – Fußnoten zur literarischen Topographie von Rom

Um nicht mit der Tür ins Goethehaus zu fallen – wie wäre es mit Moritz? Also (fürs erste) nicht Casa di Goethe, Via del Corso 18, sondern Via del Babuino 89, an der Ecke des Vicolo Alibert, wenige Gehminuten von der Spanischen Treppe entfernt. Dort hatte Karl Philipp Moritz, professore di humane lettere di Berlino, am 28. Oktober 1786, einen Tag vor Goethes Ankunft in Rom, bei dem braven Maler und Bilderhändler Pasquale Porfiri eine Wohnung gefunden.

Als er sich in seinem Stübchen zum erstenmal schlafen legte, hatte er schon zwei römische Nächte hinter sich. Nachdem der Ankömmling zum Hadrianstempel an der Piazza di Pietra geeilt war, um im dort untergebrachten Zollamt (heute befindet sich an dieser Stelle die Börse) sein Felleisen visitieren zu lassen, stieg er im Hotel d'Allemagne in der Via Condotti 88 ab. Sein Zimmer grenzte an den Speisesaal, aus dem der Lärm der allabendlich bis spät in die Nacht zechenden deutschen Künstler an seine gepeinigten Ohren drang.

Frühzeitig war man in dem schmutzigen Nest Castelnuovo aufgebrochen und hatte auf dem zweirädrigen Fuhrwerk die letzte Station der Reise sehr unbequem zurückgelegt, bis endlich der Ponte Molle und die schnurgerade zur Porta del Popolo führende Via Flaminia erreicht war. Und nun konnte er trotz großer Müdigkeit wieder keinen Schlaf finden, was den kränklichen und zur Hypochondrie neigenden Menschen in einen Zustand herzklopfender Erregung versetzte. Rom war eine Welt, die erobert werden wollte. Wie sollte er unter solchen Umständen den am nächsten Morgen ihn erwartenden Anforderungen gewachsen sein?

Er hatte es sich in den Kopf gesetzt, in der Via di Ripetta unterzukommen, weil der dort gelegene kleine Tiberhafen und die Aussicht auf Engelsburg, Peterskuppel, Wiesen und Gärten jenseits des Flusses einen »unwiderstehlichen Reiz« auf ihn ausübten. Auch war die Lage für einen Wanderer durch Rom so günstig wie keine andere: Man konnte von hier zum Vatikan übersetzen und hatte es doch nicht weit zu dem »Quartiere degli infideli«, dem Viertel der ungläubigen, nämlich protestantischen Fremden und Künstler um den Spanischen Platz.

Der Hafen muß in der Tat einer der malerischsten Orte Roms gewesen sein. Er ist mitsamt der ganzen Uferromantik dem Bau der Kaimauern, den die italienische Regierung nach 1870 der Hauptstadt des geeinten Italien verordnete, zum Opfer gefallen.

Moritz fand die gewünschte Wohnung, wurde aber gegen Mitternacht durch donnernde Schläge an seine Tür und lautstark streitende Stimmen geweckt. Am nächsten Morgen stellte sich heraus, daß er »in eine Herberge von Häschern geraten war, welche hier Sbirren heißen«. So kam es zum Umzug in die Via del Babuino.

In diesem Domizil warteten böse Tage auf ihn: Anfang Dezember hatte er in heiterer Gesellschaft von vier Landsleuten, unter ihnen Goethe und Tischbein, einen Ritt nach Fiumicino zur Mündung des Tiber unternommen. Ziemlich spät am Abend kehrte man nach Rom zurück. Auf dem abgeschliffenen, durch einen Sprühregen zusätzlich schlüpfrigen Pflaster rutschte das Pferd aus; Moritz fiel mit dem linken Oberarm gegen einen Mauervorsprung. Es gab einen

Menschenauflauf; man setzte den Verletzten in einen Lehnstuhl und trug ihn den ganzen Corso hinunter in seine Wohnung. »Das Mitleiden der Italiener äußert sich vorzüglich bei solchen Unfällen, wo sie sehen, daß jemand Schmerzen leidet, und ein Armbruch macht daher bei ihnen weit mehr Sensation, als wenn jemand auf der Straße ermordet wird; denn das ist eine ganz gewöhnliche Sache, und der Tote, denken sie, leidet auch keine Schmerzen mehr.«

Ein beneidenswerter Zustand für einen, der dazu verurteilt war, volle vierzig Tage unbeweglich dazuliegen und fast ununterbrochen »unsägliche Schmerzen« zu leiden. Vierzig Tage? Eine etwas verdächtige Zeitangabe, weil sie an die vierzig Tage erinnert, die Jesus, seinerseits dem Vorbild der alttestamentlichen Jonasgeschichte folgend, in der Wüste verbringt. Es ist die archetypische Vorbereitungszeit, die dem Ereignis von Tod und Auferstehung vorausgeht. Doch halten die vierzig Tage einer genauen Nachprüfung stand; die Wirklichkeit kam, so unfreundlich sie war, wenigstens der Tendenz zur Mythisierung des Erlebten entgegen.

Verbürgt ist auch, daß der so gern als Egoist verschriene Goethe bei der Pflege des Kranken selbstlosen Opfermut bewies. Vielleicht war der Dichter, der im Romgepäck seine unfertige ›Iphigenie‹ mitführte, seinem Humanitätsideal nie näher – edel, hilfreich und gut. Der junge Moritz hatte davon geträumt, bei dem berühmten Verfasser von ›Werthers Leiden‹ in Weimar Bedienter zu werden, »daß er auf diese Art gleichsam unerkannter Weise, so nahe um die Person desjenigen sein würde, der unter allen Menschen auf Erden den stärksten Eindruck auf sein Gemüt gemacht hatte«.

Nun kniete der Bewunderte vor dem Leidensmann, dämpfte mit sanften Freundesworten sein höllisches Fluchen (wie Tischbein bezeugt), diente ihm als »Beichtvater und Vertrauter, als Finanzminister und geh. Sekretär« (Goethe an Frau von Stein). Täglich besuchte er ihn mehrmals, hielt Nachtwachen und organisierte unter den deutschen Landsleuten mit dem Los eine Rund-um-die-Uhr-Präsenz.

So machte er die vierzig Tage auch zu seiner eigenen Initiationsprüfung. Goethe blieb sich treu: Nicht christliche Nächstenliebe, sondern ein antikes Lebensgefühl bestimmte sein Verhalten. Er sah in Moritz den jüngeren, vom Schicksal grausam mißhandelten Bruder. Da war es für den Günstling des Glücks nur recht und billig, der Not des anderen ein Opfer zu bringen. So blieb man der eigenen Sterblichkeit eingedenk und beugte dem Neid der Götter vor.

Ein Gewinn war auch dabei. Denn Moritz war ein gründlicher Kenner der griechischen Metrik, hatte noch in Berlin den ›Versuch einer deutschen Prosodie‹ veröffentlicht. Nun konnte er dem Dichter bei der Umformung der Prosafassung der ›Iphigenie‹ in Jamben an die Hand gehen. Am 13. Januar 1787, nach Ablauf der vierzig Tage, schickte Goethe das versifizierte »Schmerzenskind« an Herder nach Weimar. (Die Post von Rom nach Deutschland funktionierte damals schneller und zuverlässiger als heute.)

Das Haus in der Via del Babuino, in dem sich Moritzens Stirb- und Werde-Drama abspielte und wo er bis zum Herbst des folgenden Jahres wohnen blieb, steht noch. Verschwunden ist das seinerzeit angrenzende Teatro Alibert. Ein Vierteljahrhundert zuvor hatte Casanova dort den Kastraten Giovanni Osti in der Rolle einer Primadonna gehört. Die Römer nannten ihn Giovannino di Borghese, weil er der Lustknabe des Kardinals Borghese war. Um ihm zu widerstehen, hätte man, meint Casanova, kalt wie ein Deutscher sein müssen. Seinem geistlichen Nachbarn drückte er seine Verwunderung darüber aus, daß der Papst eine solche

Unsitte, die »das ganze Menschengeschlecht zur Päderastie zwingt«, nicht verbiete.

Als Moritz sein Quartier bezog, war das Theater geschlossen; denn unter der päpstlichen Herrschaft durfte nur während des Karnevals gespielt werden. Eine Ausnahme bildete das Teatro della Valle, das heute noch existiert. Dort gingen Kinderkomödien über die Bühne, deren Aufführung das ganze Jahr über erlaubt war. Das anstößige Singspiel etablierte sich zwischen den Akten, und bald wurde das Intermezzo zur Hauptsache.

Hier sahen Moritz und Goethe den sechzehnjährigen Kastraten Rugantino, »der jetzt der Liebling des römischen Publikums ist«, in der komischen Oper ›Circe‹. Goethe war so angetan, daß er ihn und andere Künstler des Teatro Valle für das denkwürdige Konzert engagierte, das »Filippo Miller, Tedesco, Pittore« in der Wohnung am Corso (an der wir nicht länger vorbeigehen können) für seine deutschen Freunde in Rom, vor allem für die Malerin Angelica Kauffmann, veranstaltete.

Szenen aus Cimarosas Buffo-Oper ›L'impresario in angustie‹ wurden so glänzend zu Gehör gebracht, daß sich »in der schönsten Sommernacht« eine große Menschenmenge unter den Fenstern versammelte und jede Nummer mit begeistertem Beifall quittierte. Von diesem Zeitpunkt an war es um die Unauffälligkeit des Fremden geschehen; man vermutete in dem bisher so unscheinbaren Bewohner des ersten Stockwerks einen »reichen Mylordo«.

Goethe hatte Weimar in aller Heimlichkeit verlassen, um »in Gegenden der Welt mich zu verlieren, wo ich ganz unbekannt bin«. Das Inkognito-Programm ließ sich auf die Dauer nicht ganz ohne Abstriche durchführen, aber die Einfachheit der gewählten römischen Lebensform wurde dadurch nicht beeinträchtigt. Der geadelte Minister wohnte bei einem Lohnkutscher in Untermiete und hauste als Künstler mit Künstlern.

Mehr als alle Erinnerungsstücke, mit denen das (dann wieder so bald für lange Zeit geschlossene) Goethemuseum bei seiner Einweihung am 29. Oktober (Goethes Ankunftstag!) 1973 aufzuwarten hatte, überwältigte mich die sinnliche Erfahrung eines genius loci, der alles Höfische, Zeremonielle, Repräsentative aus seinem Umkreis verbannte. Da spielt es keine Rolle, daß der vordere Teil des Gebäudes vor mehr als hundert Jahren umgestaltet wurde, wobei man drei Häuser zu einer Fassade zusammenzog. Es verschlug auch nichts, daß das Zimmer, das Tischbein gezeichnet hat, nicht identisch war mit dem damals gezeigten (man hatte die Stockwerke verwechselt). Bücher stapeln sich auf dem Boden und halten ein rohes Brett, das den Gipsabdruck des kolossalen Junokopfes trägt (»meine erste Liebschaft in Rom«); neben dem breiten Bett mit dem »verfluchten zweyten Kissen« steht die schwere Reisekiste. Man begreift unmittelbar die Geburt der Klassik aus diesem Geist einer wiedergewonnenen Natürlichkeit.

Wer die knappe halbe Stunde Wegs von Goethes Wohnung zum Goethedenkmal in der Villa Borghese zurücklegt (noch schneller geht es, wenn man ab der Piazza di Spagna eine scheußliche unterirdische Röhre benützt), durchmißt ein ganzes Jahrhundert. Je weiter die nationale Engführung fortschritt, je unaufhaltsamer sich die Hauptstadt Italiens verwandelte, um so mehr entfremdete sich Goethes römisches Nachleben von seinem Ursprung.

Das 1904 enthüllte gigantische Monument, ein Geschenk Wilhelms II. an die Stadt Rom, ist der krasseste Ausdruck dieser Verfälschung. Aus der persönlichen Wiedergeburts-Erfahrung des Dichters wurde eine hochsymbolische Vermählung Fausts mit Helena, der die Renaissance der natio-

Deutsche Gründerzeitherrlichkeit in Rom:
Das Goethe-Monument in der Villa Borghese

nalen Literatur entsprang. Zudem verkörpert das Denkmal exemplarisch den Geist, der nach 1870 erst sehr allmählich, um die Jahrhundertwende mit barbarischer Vehemenz ganze Stadtteile zur Unkenntlichkeit veränderte und den von Humboldt prophezeiten, von Gregorovius beklagten zweiten Untergang Roms herbeiführte.

Möglichst rasch zurück von der Villa Borghese zur Spanischen Treppe, zu deren Rechten sich das Wohn- und Sterbehaus des englischen Romantikers John Keats erhebt. Im ›Keats-Shelley-Memorial‹, der schönsten literarischen Gedenkstätte Roms, werden auch Goethe-Schätze aufbewahrt. Vor fast vier Jahrzehnten war ich eine ganze Woche lang der einzige Besucher, und die Kustodin, Frau Cacciatore, Tochter der Duse-Freundin und -Biographin Olga Signorelli, gab mir ein Exemplar des ›Werther‹ in die Hand, das der Dichter 1826 seinem »theuren Neffen Nicolovius treu gesinnt« gewidmet hatte.

Wieviel innere Freiheit dazu gehörte, sich von allem zu lösen, was die Weimarer Existenz an Standesgemäßheit mit sich gebracht hatte, wird am Gegenbild deutlich: Johann Gottfried Herder, seit 1776 Generalsuperintendent des Herzogtums Sachsen-Weimar, zudem Ehrenmitglied der Berliner Akademie der Wissenschaften, betrat fünf Monate nach Goethes Abreise, am 19. September 1788, die Hauptstadt der Welt. Mit seinem Diener Werner wohnte er die ersten beiden Monate in dem von Vinzenz Rößler geführten Gasthaus in der Via Condotti, in dem Moritz zwei Jahre zuvor, allerdings nur für eine Nacht, abgestiegen war.

Das Hotel d'Allemagne mußte 1913 einem Neubau weichen, während sich das zu seiner Linken gelegene, von dem Griechen Niccola di Maddalena um 1760 gegründete Kaffeehaus erhalten hat. Es ist der einzige Stammsitz der deutschen Künstlerkolonie, den wir in unsere heutige Topographie noch einzeichnen können. Da sitzen wir also auf einer der roten Samtbänke des Caffè Greco genau unter Goethes Bildnis, lassen uns von einem Ober im Frack, der Friedrich Dürrenmatt zum Verwechseln ähnlich sieht, einen sündteuren Cappuccino bringen und lesen in dem dicken Taschenbuch-Band, der Herders Briefe und Tagebuchaufzeichnungen aus Italien enthält.

Wo Goethe am glücklichsten war, da war der nur fünf Jahre ältere Herder am unglücklichsten: Rom schmeckte ihm nicht. »Ja, wohl bin ich in Rom auf meine Lebenszeit gewesen, aber in anderm Sinn, als Goethe es meinet«, schreibt er nach Hause. Die Briefe sind auch sonst voll von ärgerlichen Ausfällen gegen den soviel glänzenderen Freund, der ihm nicht nur in Weimar, sondern auch in Rom in jeder Hinsicht zuvorgekommen war.

Zwischen den zwei gesellschaftlichen Sphären, die für einen Gast aus Deutschland in Frage kamen – der Welt des Adels und der hohen Geistlichkeit einerseits und dem deutschen Künstlervolk andererseits, das wiederum in einander heftig befehdende Lager zerfiel – gab es wenige Berührungspunkte. Nur selten bewegten sich namhafte Tedeschi mit derselben Unbefangenheit in beiden Kreisen. Die Herzoginmutter von Sachsen-Weimar, die Nichte Friedrichs des Großen, gehört in die Reihe dieser leuchtenden Ausnahmen, was ihrer Popularität sehr zugute kam.

Mit Wilhelm von Humboldt, der zwischen 1802 und 1808 als preußischer Gesandter in Rom lebte (die längste Zeit im Palazzo Tomati, Via Gregoriana 42), und seiner Frau Caroline verband sich für Jahrzehnte die Erinnerung an ein goldenes Zeitalter deutsch-römischer Symbiose, und Ludwig I. machte die auf dem Pincio gelegene Villa Malta zum Zentrum einer »idealen Republik« (Gregorovius). Goethe hatte sich ganz auf die Seite der Künstler geschlagen, Herder konnte nichts mit ihnen anfangen und suchte den Anschluß an die große Welt, den er aber nur unzureichend fand.

Daran war wiederum Goethe schuld, der ihm empfohlen hatte, sich nur mit leichter Garderobe zu versehen. »Goethe hat gut reden; alle seine Ratschläge in Ansehung Roms taugen nicht; er hat wie ein Künstlerbursche hier gelebet. Da schwätzt er und warnt mich vor dem schwarzen Rock und macht, daß ich den meinigen nicht mitnehme, und nun muß ich mir einen hier machen lassen, weil ich mit keinem andern, auch keinem gestickten, der immer nur Frack ist, in eine Gesellschaft kommen kann.« Wie ein Mensch, der zwei Jahre in Rom gewesen ist, einen so ziehen lassen könne!

Hören wir aus Moritzens ›Reisen eines Deutschen in Italien‹ die brüderliche Begleitstimme zu Goethes ›Italienischer Reise‹, so ertönt in Herders Briefen die Gegenstimme. Damit wird er zum Eröffner eines bis heute reichenden Pilgerzugs von Rom-Enttäuschten, Rom-Verweigerern, Rom-Pamphletisten. Alles in Rom sei ihm »Gift und Ekel«, schreibt er an seine Frau Karoline.

Der eigentliche Klassiker der Italienschelte ist der Berliner Divisionsauditeur (was immer das sein mag) Gustav Nicolai. Der Verfasser des zweibändigen Werks ›Italien, wie es wirklich ist‹ deklariert seinen 1834 erschienenen ›Bericht über eine merkwürdige Reise in den hesperischen Gefilden‹ als ›Warnungsstimme für Alle, welche sich dahin sehnen‹ und versteht sich ausdrücklich als Goethes Antipode. Das Buch wimmelt von Verdammungsurteilen über Roms Heiligtümer. Das Pantheon sieht so rußig und verfallen aus, daß es unmöglich ein edles Gemüt ergreifen kann. Beim Anblick der Ruinen entsteht »unwillkürlich der Gedanke, daß polizeiliche Nachlässigkeit die Forträumung derselben unterlassen habe«.

In seiner 1968 erschienenen Anthologie ›Blick auf Rom‹, die zum großen Teil Beiträge von Stipendiaten und Ehrengästen der Villa Massimo enthält, bedauert der Herausgeber Karl Alfred Wolken, daß er keine kritischen Stimmen habe finden können, die das traditionelle deutsche Rombild korrigiert hätten. Auch bei den Jüngeren habe er jenen »huldigenden, verehrenden, begeisterten, innigen und leicht enthusiastischen Grundton« wiedergefunden. Hätte er sich doch noch vier Jahre geduldet! Am 15. Oktober 1972 abends um 1/2 9 Uhr kam der Villa Massimo-Stipendiat Rolf Dieter Brinkmann nach einer zermürbenden Bahnfahrt von Köln in der Stazione Termini an. Der erste Eindruck von schmutziger Verwahrlosung und allgemeinem Zerfall wurde zum Auftakt eines gewaltigen Ab- und Haßgesanges auf die Zivilisationskloake und das Ruinengerümpel namens Rom, der die meisten frommen und kalligraphischen Texte aus seines Gastgebers Wolken Anthologie mit einem Schlag in Makulatur verwandelte.

Schon die erste römische Aufzeichnung in ›Rom, Blicke‹ bezieht sich auf Goethes ›Italienische Reise‹ und ihr berühmtes Motto »Auch ich in Arkadien«: »Inzwischen ist dieses Arkadien ganz schön runtergekommen und zu einer Art Vorhölle geworden.« Der Flüchtling aus Weimar hatte den Tag seiner Ankunft in Arkadien als »zweiten Geburtstag« datiert. Aber die Arkadien-Symbolik ist zweideutig. Ursprünglich taucht der Spruch ja als Grabinschrift auf, und das Ich, das hier spricht, ist nicht ein beglückter Sterblicher, sondern der Tod, der überall zur Stelle ist, auch inmitten des Glücks.

Wirklich führt die literarische Ortsbesichtigung im Falle des römischen Arkadien immer wieder in ein metaphorisches (Rom als »Grab der Vergangenheit«) und oft auch ein reales Totenreich: Es genügt, ein paar Stunden auf dem

Friedhof an der Cestiuspyramide zu verbringen. Manche kamen schon als Morituri in die Ewige Stadt: Keats, Waiblinger, August Goethe. Ihr Patron ist der in San Onofrio begrabene Torquato Tasso.

August Goethe zog nicht durch die Porta del Popolo, sondern durch die Porta San Giovanni ein; er kam am 16. Oktober 1830 nach einer hektischen 26-Stunden-Fahrt aus Neapel an. (Normalerweise legte man die Strecke in dreieinhalb Tagen zurück.) Der hannoversche Geschäftsträger August Kestner, ein Sohn von Goethes Lotte, und der Maler-Sohn des weimarischen Hofkonditors Preller nahmen sich seiner an. Am ersten Abend stieg er, um sich einen Überblick über die Stadt zu verschaffen, die er planmäßig zu durchforschen gedachte, zum Obelisken oberhalb der Spanischen Treppe empor; der Vater hatte im Frühjahr 1787 seine Aufrichtung durch Pius VI. miterlebt. In dem aufgeschütteten Erdreich findet ein »Perückenmacher« ein antikes gebranntes Tonstück mit einigen Figuren und zeigt es dem Fremden; »ich eigne es mir gleich zu«.

Derlei Glücksfunde blieben dem Sohn versagt. Am 25. Oktober hatte August mit seinen Begleitern Kestner und Preller einen Ausflug nach Albano unternommen; fieberglühend kehrte er abends in seine Wohnung in der Via di Porta Pinciana 17 zurück. Eine Nacht später starb er; die Sektion ergab eine geplatzte Ader im Gehirn und eine um das Dreifache geschwollene Leber. Sein Grabmal mit dem Portraitmedaillon von Thorwaldsen wird durch Wegweiser angezeigt. Längst ist die Stelle, »wohin sein Vater, vor seiner (des Sohnes) Geburt, sich dichterisch zu sehnen geneigt war«, wie Goethe an Zelter schrieb, zum Zielpunkt ausbeuterischer Neugier verkommen. Denn die Villa Massimo-Stipendiaten stehen unter literarischem Rom-Druck. Einer wie Brinkmann ist nur alle heilig-unheilige Zeiten darunter.

Geisterversammlung – Jena zweihundert Jahre nach Goethes Begegnung mit Schiller

Nichts unromantischer als die Geburtsstätte der deutschen Romantik. Am ›Paradies‹, dem ehemals lieblichen Uferterrain der Saale, führt heute die Autobahnausfahrt Jena-Lobeda vorbei. Der anakreontische Dichter Friedrich von Hagedorn hat diese Landschaft besungen: »Dort zeiget vor der Stadt dem frohen Anblick sich / Ein Luft-Ort, der mit Recht das Paradies genannt.« Inzwischen ist aus dem Paradies ein Erholungsgelände geworden, das fast noch trostloser wirkt als die den Süden von Jena beherrschende Industrie und die seit 1968 aus dem Talboden gestampfte Wohnsiedlung Lobeda – seinerzeit ein anmutiges, in Wiesen gebettetes Städtchen.

Seinerzeit: Das sind die Jahre vor und nach der vorletzten Jahrhundertwende; Jenas liebliche Umgebung lud seine unbürgerlichen Bewohner zu ausgedehnten Wanderungen ein. »Ungemessen lange Spaziergänge haben wir gemacht, von 2 bis 7 ist das gewöhnliche Un-Maaß.« Mit »wir« meint die leidenschaftliche Briefschreiberin Caroline Schlegel den Zirkel, der sich im Sommer und Herbst 1799 im (gemieteten) Hinterhof-Haus ihres Mannes August Wilhelm zusammenfand: Schwager Friedrich mit seiner Freundin Dorothea Veit, das Ehepaar Ludwig und Amalie Tieck, der am Salineamt in Weißenfels angestellte Friedrich Hardenberg, der sich als Dichter Novalis nannte, der norwegische Mineraloge Henrik Steffens, der junge Philosoph Schelling, der Studiosus Clemens Brentano.

Auch Goethe ließ sich in Jena im wörtlichen Sinn gern

gehen – und kehrte deshalb immer wieder zu monatelangen Aufenthalten in der Universitätsstadt dem Weimarer Hofleben den Rücken. Auf seinem regelmäßigen Weg vom Schloß, wo er wohnte, ins »Paradies« kam er durch den Löbdergraben am Roten Turm vorbei, in dessen Nähe August Wilhelm Schlegel mit Caroline und ihrer Tochter Auguste Böhmer im Juli 1796 Quartier bezogen hatte. Wenige Tage nach der Ankunft in Jena berichtete Caroline der Freundin Luise Gotter: »Gestern Nachmittag da ich allein war, meldet man mir den Hrn. Geheimerath ... Er hat mir gedroht, oft, auf seinem Weg ins Paradies, bey uns einzusprechen. Wir gingen nachher zu Schillers ...«

Weil wir Jena-Lobeda für einen Vorort hielten, verpaßten wir die Ausfahrt und gerieten auf die von Weimar kommende Landstraße. Es mußte sich um die Chaussee handeln, für deren Zustand der Leiter der herzoglichen Wegbaukommission Goethe in den Jahren vor seiner Flucht nach Italien zu sorgen hatte. Wir landeten bei der im Südwesten der Stadt gelegenen ›Villa Medusa‹, einst Wohnhaus des als »Papst von Jena« verehrten oder als »Ketzer von Jena« verteufelten Zoologen Ernst Haeckel. Heute beherbergt die Villa ein Museum, und schon fanden wir uns, freundlich zum Läuten aufgefordert, im Arbeitszimmer des Verfassers der ›Welträtsel‹, deren endgültige Lösung von dem mit vierfachem Doktortitel geschmückten Professor pünktlich zum Ende des Jahrhunderts proklamiert worden war. Eines Jahrhunderts, das Novalis in der von den Brüdern Schlegel herausgegebenen Zeitschrift ›Athenäum‹ mit dem Satz eröffnet hatte: »Wir träumen von Reisen durch das Weltall: ist denn das Weltall nicht in uns? ... Nach Innen geht der geheimnisvolle Weg.« Nun trugen »gemeinverständliche Studien«, in 25 Sprachen übersetzt, die frohe Fortschrittsbotschaft der monistischen Religion zu der viele Hunderttausende zählenden Gemeinde einer neuen Kirche.

Auf der Suche nach den Ruinen des luftigen Tempels, den die Romantiker in unheimlicher Geschwindigkeit errichtet hatten, waren wir in das Innere eines ganz anderen, in Jahrzehnten zähen Forscherfleißes ausgebauten Heiligtums verschlagen worden. Der Prophet und Agitator des Darwinismus hatte sich 1861 27jährig in dem »geliebten herzigen« Jena habilitiert, um bis zu seinem Tod (1919) zu bleiben. Elf Jahre vorher hatte ihn die Stadt zum Ehrenbürger ernannt; die große an der ›Villa Medusa‹ entlangführende, in den gleichnamigen Platz mündende Ernst-Haeckel-Straße kann sich durchaus mit der Schillerstraße messen, die von ihm abzweigt.

Von Haeckel zu Schiller, der ein volles Jahrzehnt (1789–1799) in Jena verbrachte, führt kein Weg zurück. Aber das Gartenhaus, das der Dichter 1797 erwarb, liegt nur wenige Gehminuten von der Haeckel-Villa entfernt. Am 8. Oktober 1827 hatte Goethe, seine Oberaufsicht über die naturwissenschaftlichen Institute in Jena ausübend, die Universitäts-Sternwarte und das meteorologische Kabinett besucht und alles in bester Ordnung vorgefunden. Eckermann durfte ihn begleiten. Im Garten nahm man an einem Steintisch das Frühstück ein. Goethe machte seinen Adlatus auf die Merkwürdigkeit der Stelle aufmerksam: »Hier hat Schiller gewohnt. In dieser Laube, auf diesen jetzt fast zusammengebrochenen Bänken haben wir oft an diesem alten Steintisch gesessen und manches gute und große Wort miteinander gewechselt.« Also schon 1827 literarische Ortsbesichtigung in Jena, Goethe auf den Spuren seiner eigenen Vergangenheit.

Jene glorreiche Zeit – als er selbst an ›Hermann und Dorothea‹, Schiller am ›Wallenstein‹ dichtete, als Wilhelm von

Humboldt, der mit seiner Familie, nur um in Schillers Nähe zu leben, nach Jena gezogen war, den ›Agamemnon‹ des Aischylos, August Wilhelm Schlegel Shakespeares ›Julius Caesar‹ übersetzte, als Fichte eine neue Darstellung seiner ›Wissenschaftslehre‹ in Niethammers ›Philosophischem Journal‹ veröffentlichte und der besuchsweise in Jena weilende Alexander von Humboldt mit aufregenden chemischen, physikalischen und physiologischen Neuigkeiten aufwartete –, dieser wunderbar produktive Frühling von 1797 lag dreißig Jahre zurück, war längst zum Mythos geworden. Goethe war der überlebende Zeuge, Eckermann der zur Überlieferung berufene Jünger.

Weitere zwei Jahrzehnte vergingen, bis dieser (im dritten Teil seiner ›Gespräche‹) den Jena-Ausflug, zweifellos einen der Höhepunkte in seiner neunjährigen, vornehmlich von Dürftigkeit und Depression gezeichneten Lebensgemeinschaft mit dem vergötterten Meister, einer auf derlei Erinnerungen nicht mehr besonders neugierigen Menschheit preisgab.

Sie hatten im Gasthof ›Zum Bären‹, in dem Luther 1522 auf seinem Weg von der Wartburg nach Wittenberg abstieg und wo man noch heute wohnen kann, in einem Alkoven mit zwei Betten übernachtet. Da sie sehr früh in Weimar abgefahren waren, hatte es der 78jährige bereits um sechs Uhr abends an der Zeit gefunden, das Zimmer aufzusuchen. Der Abendschein lag auf den Fenstern, »und es war uns gemütlich, noch eine Zeitlang ohne Licht zu sitzen«. Das Gespräch dreht sich um den Homer-Übersetzer Voß, dessen (inzwischen bis zur Unkenntlichkeit umgebautes) Wohnhaus in der Bachgasse 27 Goethe Eckermann am Nachmittag gezeigt hat. Von Voß kommt Goethe (im Gespräch immer zur Sprunghaftigkeit neigend) auf Schiller, erzählt die – von den Germanisten angezweifelte – Anekdote von den faulen Äpfeln in der Schreibtischschublade, ohne deren Geruch der Dichter nicht leben und arbeiten konnte. Dann wird Licht, auch ein kleines Abendessen aufs Zimmer gebracht, und nachher sitzt man »noch eine Weile in allerlei Erinnerungen und Gesprächen«, in denen es um wahrsagende Träume und magnetische Seelenkräfte geht. Heute verhindert der Verkehrslärm auf dem zur Kreuzung gewordenen Lutherplatz die freundlichen Wunscherfüllungsträume ebenso wie die Zuflucht zur Lektüre bei anhaltender Schlaflosigkeit.

Eckermanns ›Gespräche mit Goethe‹ begleiten uns aber in Schillers als Sehenswürdigkeit zugänglichen Garten. Der Steintisch ist erhalten. Zu besichtigen ist auch das Küchenhäuschen, das der gegen Essensgerüche empfindliche Dichter in die Nordwestecke des Gartens verbannte. Da Schiller bei seinem Umzug nach Weimar 1799 die ganze Einrichtung mitnahm, mußte man bei der Möblierung auf Gegenstände aus der Zeit zurückgreifen. Was Eckermann nicht mehr sah, haben wir heute wieder vor Augen: Die »Gartenzinne«, ein zweistöckiger Pavillon, den Schiller im Sommer 98 errichten ließ, um ungestört am ›Wallenstein‹ arbeiten zu können, war 1818 gegen Goethes Votum wegen Baufälligkeit abgebrochen worden. Doch seit 1979 steht er wieder an Ort und Stelle, Kontinuität vortäuschend, wo Vergessen und Vergehen ihr Zerstörungswerk trieben. Das Zeitverrinnen ist unter die Erde verdrängt wie die Leutra, die einst an Schillers Grundstück vorbeifloß.

»Am Himmel ist geschäftige Bewegung« – der Vers wurde im Oberraum des Turms geschrieben, im Anblick des nächtlichen Himmels, möglicherweise in einer »schweren Stunde« von der Art, wie Thomas Mann sie in seiner Novelle von 1905 beschrieb. (Da die Erzählung in einer stürmischen Dezembernacht spielt, gehört das »sechseckige

Schillers Garten in Jena mit dem Steintisch aus der Zeit, als der ›Wallenstein‹ entstand

Zimmer, kahl, nüchtern und unbequem, mit einer geweißten Decke, unter der Tabaksrauch schwebte«, in Schillers Winterquartier, das – 1945 zerstörte – Griesbachsche Haus am Löbdergraben.)

Es muß ein besonders heiterer, warmer Herbsttag gewesen sein, dieser 8. Oktober 1827; da durfte man sich auch einmal den Blick in den Abgrund der Zeiten gestatten: »Das geht alles hin und vorüber«, sagt Goethe zu Eckermann; »ich bin auch nicht mehr, der ich gewesen, aber die alte Erde hält Stich, und Luft und Wasser und Boden sind noch immer dieselbigen.« Wie zur Bestätigung genießt Eckermann kurz darauf, von Dr. Schrön, dem Leiter der Sternwarte und Professor für Astronomie, in die Mansarde des Gartenhauses geführt, die herrlichste Aussicht: »Die Richtung war ganz nach Süden, so daß man Stunden weit den schönen Strom durch Gebüsch und Krümmungen unterbrochen, heranfließen sah. Auch hatte man einen weiten Horizont.«

Für uns gilt Goethes Trost nicht mehr. Nichts hat in den 166 Jahren, die die heutigen Besucher von den damaligen trennen, weniger Stich gehalten als die Erde. Er wußte es auch noch anders. Im letzten Akt des zweiten ›Faust‹, den er bald schreiben würde, fällt die Idylle dem Fortschrittswahn seines Helden zum Opfer. »Was sich sonst dem Blick empfohlen, / Mit Jahrhunderten ist hin«, singt der zum Schauen nicht nur bestellte, sondern auch verdammte Lynkeus. Die seit 1936 in Jena lebende Ricarda Huch wurde, ein weiblicher Lynkeus, zur Zeugin des Untergangs der Stadt. »Hier ist das Haus am Markt ganz zerstört, in dem die erste Begegnung Goethes mit Schiller stattgefunden hat«, schreibt sie am 18. März 1945 an ihren Verleger Anton Kippenberg. »Unser kleines Jena könnte in einer Viertelstunde völlig vernichtet sein, und vielleicht kommt es noch so.« Es kam so.

Man kann in Schillers Garten den verzweigten Zusammenhängen zwischen Wallensteins Aberglauben an die Sterne, den optischen Errungenschaften der Firmen Zeiss und Schott, Haeckels naturwissenschaftlichem Optimismus, der brennenden Hütte von Philemon und Baucis und der brennenden Stadt von 1945 nachsinnen. Das Gartenhaus ist die einzige Wohnung Schillers, die sich von seinen fünf Jenaer Adressen erhalten hat.

Seit dem Gründungsjahrzehnt der ›Salana‹, 1548 bis 1558, hatte sich die Universitätsstadt mit ein paar tausend Einwohnern vierhundert Jahre lang im Geviert von 400 mal 500 Metern zwischen den mittelalterlichen Stadtmauern gehalten. Auch ihre Einnahme durch das Trojanische Pferd, wie Ricarda Huch in ihrem Romantik-Buch den Hochzeits-Reisewagen bezeichnet, mit dem Wilhelm und Caroline Schlegel im Sommer 1796 in Jena einzogen, hatte den Charakter des »netten Saal-Athen« (Friedrich von Hagedorn) nichts anzuhaben vermocht, zumal das besetzte Troja auch von den Romantikern als ein Athen des anbrechenden Jahrhunderts verstanden wurde. Der Name ›Athenäum‹, den die Brüder Schlegel ihrer programmatischen, 1798 zum ersten Mal erscheinenden Zeitschrift gaben, bezieht sich also auf den Wohnsitz der Herausgeber: Von hier sollte die »kritische Diktatur Deutschlands« ausgehen.

Schon fünf Jahre später hatte der letzte der Eroberer die Stadt wieder verlassen. Im Rückblick schrieb Henrik Steffens an Tieck: »So gewiß wie es ist, daß die Zeit, in welcher Goethe und Fichte und Schelling und die Schlegel, Du, Novalis, Ritter und ich uns alle vereinigt träumten, reich an Keimen mancherlei Art waren, so lag dennoch etwas Ruchloses im Ganzen. Ein geistlicher Babelturm sollte errichtet werden, den alle Geister aus der Ferne erkennen sollten. Aber die Sprachverwirrung begrub dieses Werk des Hochmuts unter seine Trümmer.«

Nicht eingestürzt ist bis jetzt der babylonische Turmbau, den das Regime der DDR Anfang der siebziger Jahre der Stadt als Wahrzeichen des sozialistischen Fortschritts aufzwang: der alles überragende, alles verschandelnde 26stökkige steinerne Turm, der ursprünglich die Verwaltung der Zeiss-Werke aufnehmen sollte, dann, als diese ihn nicht haben wollten, zum Universitätshochhaus umfunktioniert wurde. Der ›Platz der Kosmonauten‹, dessen großspuriger Anlage die Reste der von Bomben weitgehend zerstörten historischen Gebäude geopfert wurden, heißt heute wieder Eichplatz, ohne daß sich am öden Eindruck einer politischen Aufmarscharena etwas geändert hätte.

Auch die Wüste hat ihre Geschichte. Der Universitätsturm steht ziemlich genau an der Stelle, wo man nach den Befreiungskriegen eine Eiche als Symbol für ein freies Deutschland gepflanzt hatte. Zehn Jahre zuvor hatten am Vorabend der Schlacht von Jena und Auerstädt marodierende Franzosen 22 Häuser niedergebrannt. Der ›Brandplatz‹ blieb leer. Er war, wie das Schlachtfeld vom 14. Oktober 1806 im Nordwesten der Stadt (man kann heute den Napoleonstein und eine Gedenkstätte in Cospeda besuchen), eine jener »Schädelstätten der Geschichte«, über der Hegels Eule der Minerva (die philosophische Reflexion) ihre Flügel kreisen ließ. Unter dem Eindruck der Jenaer Kriegsereignisse wurde der berühmte Satz in der Vorrede zur ›Phänomenologie des Geistes‹ formuliert: »Aber nicht das Leben, das sich vor dem Tode scheut und von der Verwüstung rein bewahrt, sondern das ihn erträgt und in ihm sich erhält, ist das Leben des Geistes.«

Tatsächlich fand Hegel zu seiner Philosophie in einer schweren persönlichen Krise, die mit der zweiten Hälfte seines Aufenthalts in Jena zusammenfiel. Die Freunde Niethammer und Schelling, beide schwäbische Landsleute

Hegels und seine Tübinger Stiftsgenossen, waren Rufen anderer Universitäten gefolgt. Als Inhaber einer »Jenenser Hungerprofessur«, dessen Vorlesungen wegen ihrer Schwerverständlichkeit und stockenden Rhetorik nur schwach besucht wurden, geriet er immer tiefer in finanzielle Bedrängnis, an der auch das kümmerliche Gehalt, das Goethe ihm schließlich unter Mühen zuschanzte, nichts änderte. Durch die bevorstehende Geburt eines unehelichen Kindes von seiner Zimmerwirtin wurde Hegels Situation in Jena vollends unhaltbar.

In dieser verzweifelten Lage trafen ihn die Schrecken des Krieges doppelt hart. Plündernde französische Soldaten drangen in sein Domizil im Löbdergraben 10 ein, bedrohten sein Leben und durchwühlten die Blätter des Manuskripts seiner ›Phänomenologie‹, von dessen pünktlichem Eintreffen beim Bamberger Verleger die Zahlung des dringend benötigten Honorars abhing. Hegel floh mit dem Manuskript auf die Straße und fand im Hellfeldschen Haus am Markt ein Versteck, wo er unter dem Kanonendonner der Schlacht die letzten Sätze seines Buches schrieb.

Tags zuvor hatte er Napoleon durch die Stadt reiten sehen. Er war der Sieger, Hegel, die Bürger von Jena und die preußische Armee waren die Verlierer. Aber der Philosoph machte ernst mit seinem objektiven Idealismus. »Jena, Montags den 13. October 1806, am Tage, da Jena von den Franzosen besetzt wurde und der Kaiser Napoleon in seinen Mauern eintraf«, setzte er über seinen Bericht an Niethammer, in dem er den Kaiser – »diese Weltseele« – einen Mann nennt, »den es nicht möglich ist, nicht zu bewundern«.

Napoleon, der auf dem Höhepunkt seiner Macht angelangte Herrscher im Reich der Tat, nahm von dem erschauernd zu ihm aufblickenden Jenenser Professor keine

Notiz. Diese Blindheit kehrte das Gefälle zwischen Sieger und Verlierer um. Überlegen war der Kopf, der erkannte, daß Tat und Gedanke in ihrer Verschiedenheit zusammengehörten. Jena war der Ort, wo der in Wirklichkeit und Wissen entzweite Weltgeist für einen ungeheuren Augenblick sich selbst begegnete und die verborgene Einheit der Gegensätze als sein innerstes Leben begriff.

Gegen die napoleonische Fremdherrschaft schleuderte andererseits der aus Jena wegen Verdachts auf Atheismus verjagte Johann Gottlieb Fichte in dem von Franzosen besetzten Berlin seine ›Reden an die deutsche Nation‹. Das »absolute Ich«, auf das sich die Romantiker bei der Verkündigung ihres schrankenlosen Individualismus beriefen, hatte mittlerweile die Gestalt des Volkes, und zwar des einzig echten und ursprünglichen: des deutschen Volkes angenommen.

Wir sitzen im Café ›Daneben‹ auf dem Eichplatz, also genau im Zentrum der Zerstörung Jenas. Eigentlich hatten wir in dem gemütlich aussehenden, mit Augustiner-Bräu und weißblauen Fahnen werbenden ›Alt-Jena‹ am Markt zu Mittag essen wollen, fanden uns aber durch einen im Vorraum angebrachten Zettel zum Rückzug veranlaßt. »Kein Grieche, kein Chinese, keine Künstlerkneipe, aber *die* Adresse in Jena«: Über dem späten Fichte-Nachklang dieser Belehrung verging uns der Appetit.

Im ›Daneben‹, das wohl deswegen so heißt, weil es neben der großen ›Buchhandlung Thomas Mann‹ liegt, herrscht ein toleranterer Geist. Mit den reichlich mitgebrachten Büchern – es sind außer den Eckermann-Gesprächen Ricarda Huchs ›Romantik‹, der Briefwechsel zwischen Friedrich Schlegel und Novalis, die von Sigrid Damm herausgegebenen Briefe Carolines und ein Stoß loser gelber Blätter, die wir im ›Romantikerhaus‹ beim Roten Turm, das Stück zu zehn Pfennigen, erstanden haben – hätten wir uns im ›Alt-Jena‹ der ideologischen Nähe zu den Besuchern von Künstlerkneipen verdächtig gemacht. Hier hindert uns nichts, die Reise zurück in jenen unvergleichlichen Frühling anzutreten, als die Generation nach Goethe und Schiller an der Schwelle zu einem neuen Jahrhundert den Aufbruch wagte (und inszenierte).

»Grünsammetne Teppiche die Berge hinan, mit Veilchen, Schlüsselblumen und Primeln gestickt und lauter wohlriechenden Kräutern durchwirkt; alle Bäume in der glorreichsten Blüte; Flieder und Maiblumen in dicken Haufen; eine Art Weide, die wie Orangen riecht, steht allenthalben auf allen Wiesen und Bergen. Der lebhaft rauschende Fluß, wie ein Spiegel hell; warm vom Morgen bis wieder zum Morgen; eine Luft, die sich weich, lau und blau um einen her lagert und auf den Bergen wie eine Decke ruht – so sieht der Frühling in Jena aus.« Das schrieb Dorothea Veit, geborene Mendelssohn, als sie 1799 Friedrich Schlegel nach Jena folgte. Verheißung lag in der Luft.

Man erkennt sich auf den ersten Blick. Der junge, geniale Physiker Johann Wilhelm Ritter lebt in völliger Zurückgezogenheit in einer abgelegenen Gasse; da tritt ein Unbekannter in sein kümmerlich ausgestattetes Zimmer, der »äußerlich äußerst unbedeutend aussehen konnte«. Es ist Novalis. Schon sind sie ein Doppel-Ich; ihre Unterhaltung klingt ihnen wie ein laut gewordenes Selbstgespräch.

Sie leben, lieben, sprechen, schreiben wie unter permanent erhöhter Seelentemperatur. »Die Zeit ist da«, lautet ein von Jakob Böhme übernommenes Losungswort, das unter den unaufhörlich miteinander korrespondierenden Mitgliedern des Kreises (»epistolarische Symphilosophie« nennt es Friedrich Schlegel) hin und her fliegt. Nichts Geringeres haben sie sich vorgenommen, als eine neue Religion zu stiften, mit der eine neue Weltgeschichte anfangen soll. Sie lieben Goethe und hassen seine Generationsgenossen. Voß und Wieland sind ihnen die »negativen Classiker«, deren Vernichtung (»Annihilazion«) sie sich zur Aufgabe machen. Für Schiller, der manchen von ihnen nach Jena geholt hat, haben sie nur Verachtung übrig. Der ›Wallenstein‹, zu dessen von Goethe inszenierter Uraufführung sie nach Weimar fahren, ist ein konstruiertes Werk, »ohne Instinkt«; ›Maria Stuart‹ wird als unpoetisch und obendrein langweilig verworfen, und über das ›Lied von der Glocke‹ fallen sie vor Lachen fast von den Stühlen.

Eine ihrer gemeinsamen Lieblingsbeschäftigungen heißt »fichtisieren«. Friedrich Schlegel erklärt im ›Athenäum‹, die drei großen »Tendenzen« des anbrechenden Jahrhunderts seien die Französische Revolution, Goethes ›Wilhelm Meister‹ und Fichtes Wissenschaftslehre. Jean Paul, der im Herbst 1798 von Leipzig nach Weimar übersiedelt und von dort Jena besucht, läßt eine Hauptfigur seines Romans ›Titan‹, der nicht umsonst so heißt, über dem Studium von Fichtes Ich-Philosophie wahnsinnig werden. »Ich so ganz allein, nirgends ein Pulsschlag, kein Leben, nichts um mich und ohne mich Nichts als Nichts.«

Folgt man Jean Paul, dann gediehen im Jenaer Frühling die Keime einer Katastrophe, die weit mehr umfaßte als den raschen und von häßlichen Begleitumständen nicht freien Zerfall jener Gemeinschaft. Dann hat auch noch der Größenwahn der Jahre 1933 bis 1945 etwas mit dem Titanismus dieser Literaten und ihres Philosophen zu tun. Fichtes Haus am Löbdergraben, das er 1795 von einem Bäckermeister kaufte, hat als einziges romantisches Zentrum den Krieg überstanden. Neben Schillers Gartenhaus, der Goethe-Gedenkstätte im Inspektorhaus am Botanischen Garten, dem Fromannschen Haus am Fürstengraben und dem zauberhaften Johannisfriedhof (wo keine Romantiker, dafür Johann Christian Günther und Johanna Schopenhauer ihre Grabsteine haben) gehört es zu den in DDR-Zeiten sorgfältig gepflegten, didaktisch vorbildlich aufbereiteten kulturellen Erbstücken.

Im November 1794 kam Hölderlin mit seinem schwierigen Zögling Fritz von Kalb aus Waltershausen nach Jena; aus seinen Briefen spricht anfänglich ein starkes Gefühl des Hier-, des Am-Ziel-Seins. »Die Nähe der wahrhaft großen Geister, und auch die Nähe wahrhaft großer, selbsttätiger, mutiger Herzen schlägt mich nieder und erhebt mich wechselsweise ...« Auch der heutige Besucher kann noch etwas von dieser bedrängenden Nähe spüren. Jena ist die Stadt der Gedenktafeln: Hunderte der weiß getünchten Zinkblech-Rechtecke spiegeln das erstaunliche Phänomen einer über vierhundert Jahre auf engstem Raum konzentrierten Geisterversammlung. Nur an Nietzsche, den unglücklichen Insassen zweiter Klasse der von Professor Otto Binswanger geleiteten Landesirrenanstalt am Philosophenweg, erinnert in Jena nichts.

Dichter und ihre Gesellen – Literarische Spurensuche im achthundertjährigen Heidelberg

Daß Heidelberg von den Bomben des Zweiten Weltkriegs verschont blieb, verdankt es möglicherweise dem amerikanischen Ruhm von Wilhelm Meyer-Försters Rührstück (Bert Brecht: »Saustück«) ›Alt-Heidelberg‹, das 1901 in Berlin mit Harry Walden in der Hauptrolle uraufgeführt wurde. Die bittersüße Romanze zwischen dem für ein Studienjahr nach Heidelberg geschickten Prinzen Karl Heinrich und dem Wirtstöchterlein Käthie wurde 1948 von Ernst Lubitsch in Hollywood verfilmt und von dem amerikanischen Komponisten Sigmund Romberg zum Musical (›The Student Prince‹) verarbeitet. Seine Aufführung im Hof des Heidelberger Schlosses bildet die große alljährliche Sommerattraktion für die Heerscharen der amerikanischen Touristen.

Der aus der Emigration im Herbst 1945 zurückkehrende Hans Mayer fand die heilgebliebene Stadt bedrükkender als die Ruinen der ringsum zerstörten Städte Ludwigshafen, Mannheim, Darmstadt, Frankfurt. Inzwischen ist auch Heidelberg untergegangen. Jedenfalls dem Zeugnis seines derzeitigen literarischen Statthalters zufolge. Michael Buselmeiers Roman ›Der Untergang von Heidelberg‹ von 1981 hat von seiner poetischen Glaubwürdigkeit nichts verloren, auch wenn sein Autor mittlerweile zu einem skeptisch gebrochenen Glauben an einen noch immer lebendigen Rest des lokalen Mythos gefunden hat, wie das Nachwort seines vor zehn Jahren als insel taschenbuch erschienenen Heidelberg-Lesebuchs besagt. Das vielbeschworene Heidelberg-Gefühl, ein paar Zentimeter über dem Erdboden zu schweben, halte an, »solange unser Unbehagen an der Realität vorhält«.

Für dieses Unbehagen ist mit Sanierung, Kommerzialisierung, Musealisierung reichlich gesorgt. Die Stadt präsentiert sich selbstbewußt und selbstgefällig als Fremdenverkehrsparadies und Terrain erstklassiger Lebensqualität. Die ambitionierte Synthese aus Pietät und Fortschrittlichkeit bekommt dem genius loci besonders schlecht. Mit allen ihren eleganten »Lösungen« – ihren Tunnelröhren, unterirdischen Parkhäusern, den Verkehrsschlingen, die den Fußgänger zu einem Wanderer von einer Insel zur nächsten machen, ihren architektonischen Kompromissen aus Denkmalschutz, Geschäftssinn und Komfort – ist die Stadt zwar sehr angenehm, aber eben auch arg verwechselbar geworden. Eine Art ›Haydleburg‹, wie Mark Twain, der gegen übertriebene Andacht resistente Heidelberg-Pilger von 1878, einen kleinen um die Jahrhundertwende entstandenen Roman betitelte.

›Wir sind noch einmal davongekommen‹: Im Nachkriegsdeutschland gab es wohl kaum einen Ort, dem die Inszenierung von Thornton Wilders Stück besser zu Gesicht stand. Die über dem Eingang zum neuen Universitätsgebäude von 1931 angebrachte Inschrift ›Dem lebendigen Geist‹, die von Goebbels' jüdischem Lehrer Friedrich Gundolf formuliert worden war, hatten die Nazis einem todestrunkenen ›deutschen Geist‹ umgewidmet. Das Schloß diente als Kulisse für »Reichsfestspiele«, und gegenüber auf dem Heiligenberg (der bei den Romantikern noch heiliger Berg hieß) legte der Reichsarbeitsdienst zwischen 1934 und 1935 eine »Thingstätte« für 20000 Zuschauer an, auf der Sonnwendfeiern und germanische Weihespiele inszeniert wurden.

Ein beklemmendes Monument verdrängter Vergangenheit, deren »Bewältigung« freilich ein Stück des für Heidelberg so einträglichen Mythos einbeziehen müßte. Denn die »alte Burschenherrlichkeit«, wohin war sie entschwunden? In den blutroten Schein des Fackelzugs zum Beispiel, der sich am 17. Mai 1933 zu dem auf dem Universitätsplatz errichteten Scheiterhaufen bewegte und mit dem die Heidelberger Studentenschaft gegen den undeutschen Geist in der Literatur protestierte. »Der lodernde, funkensprühende Bücherhaufen bot ein nächtlich schönes Bild.« Wenige Tage zuvor war der Dichter Alfred Mombert, der seit Jahrzehnten unterhalb des Schlosses wohnte, aus der Preußischen Akademie der Künste ausgeschlossen worden, weil er als jüdisches Mitglied nicht mehr »tragbar« war. Sieben Jahre später, im Oktober 1940, wurde der 68jährige ohne irgendwelche Vorankündigung von der Geheimen Staatspolizei verhaftet und im Güterzug nach dem südfranzösischen Internierungslager Gurs verschleppt. »Ob Ähnliches je einem deutschen Dichter passiert ist?« schrieb er von dort. »Dieses Zeitalter wird einmal nicht als das der Sentimentalität gelten.«

Er hatte, der mönchisch lebende »Sfaira der Alte«, zunächst im Restbau des ehemaligen Karmeliterklosters am Friesenberg gewohnt, einer höhlenartigen Behausung, die der Maler Carl Hofer so beschreibt: »Gewölbte, niedere Räume erzeugten jene geheimnisvolle Kelleratmosphäre mittelalterlichen Seins, das diesem eigenartigen und eigenwilligen Sänger des Mystischen einer mythischen Vergangenheit konform zu sein schien.« Gegenüber der Peterskirche richtete Mombert 1922 seine neue »Aeon-Halle« ein, die er nach seiner Austreibung durch die Nazis nicht mehr wiedersehen sollte.

Vielleicht ist man in Heidelberg nicht so fest verwurzelt

wie anderswo, vielleicht ist das charakteristische Schwebegefühl die Folge der nahezu totalen Verwüstung der Stadt im Rahmen des Pfälzischen Erbfolgekriegs. Französische Truppen zerstörten 1693 mit fast allen Häusern der Altstadt durch Brand und Sprengung auch das kurfürstliche Schloß. Die in seinen Mauern aufgewachsene Liselotte von der Pfalz, die durch ihre viertausend Briefe in die deutsche Literatur eingegangen ist, war mit dem Herzog von Orléans verheiratet worden; nach dem Aussterben der in Heidelberg residierenden Linie der Wittelsbacher forderte sein Bruder Ludwig XIV. die Pfalz für Frankreich.

Damals jedoch war die dynastischer Habsucht zum Opfer gefallene »schicksalskundige Burg« (Hölderlin) noch weit davon entfernt, zum Symbol der Todfeindschaft mit dem Nachbarland zu werden. Auch hundert Jahre später meint Hölderlin in seiner berühmten Hymne an Heidelberg mit dem Schicksal weniger die geschichtliche Heimsuchung als das Naturereignis von 1764. Am Johannistag dieses Jahres war der Kurfürst Karl Theodor von Mannheim herübergekommen und hatte seinen Entschluß verkündet, das längst wieder aufgebaute, aber verwaiste Schloß zu seiner Sommerresidenz zu machen. Aber noch in der darauffolgenden Nacht zerrissen zwei Blitzschläge den achteckigen Turm und ließen alle Innenräume in Flammen aufgehen. Damit war die Zukunft des Gebäudekomplexes als Ruine besiegelt.

Hölderlin empfand die durch das Gewitter verursachte Katastrophe als Sinnbild des Zusammenbruchs aller seiner Hoffnungen. Nach der überstürzten Rückkehr aus Jena stand der Flüchtling an einem Junitag 1795 auf der erst jüngst erbauten steinernen Brücke, »die von Wagen und Menschen tönt« (das tut sie heute auch noch), und faßte angesichts des aus der Talenge in die Ebene sich ergießenden Neckars neuen

Mut, sich in die »Fluten der Zeit« oder – laut dem Entwurf der Hymne – in die »Wogen der Welt« zu werfen.

Vier Jahre später stattete er Heidelberg seinen Dank ab: »Du, der Vaterlandsstädte / Ländlich schönste, so viel ich sah.« Um 1800 hatte das Wort ›Vaterland‹ noch einen unschuldigen Klang, den es auch bei Brentano und Arnim nicht einbüßte. Von Mai bis Juli 1805 lebten die Freunde in einem (längst verschwundenen) Gartenhäuschen in der westlichen Vorstadt, um den ersten Band ihrer Volksliedersammlung ›Des Knaben Wunderhorn‹ zusammenzustellen. Er erschien zur Michaelismesse in Frankfurt mit einer Zueignung an Goethe. Das heute noch erhaltene Haus Hauptstraße 151, wo eine Gedenktafel an die Entstehung des ›Wunderhorns‹ erinnert, beherbergte Arnim und Brentano erst drei Jahre später – ganze zwei Wochen lang. Dann zogen sie in ein kleines Haus am Schloßberg. Eichendorff, der als Neunzehnjähriger mit seinem Bruder Wilhelm im Mai 1807 in Heidelberg eintraf, um bei dem berühmten Thibaut Rechtswissenschaft zu studieren, schildert das Arbeitszimmer des ungleichen Paars, »einen großen luftigen Saal, dessen sechs Fenster mit der Aussicht über Stadt und Land die herrlichsten Wandgemälde, das herüberfunkelnde Zifferblatt des Kirchturms ihre Stockuhr vorstellten«.

Aber er kann sie kaum dort besucht haben. Denn er verließ Heidelberg, als sie noch im Umzug begriffen waren. Eichendorff hat seine Erinnerung im Abstand von fast sechs Jahrzehnten aufgezeichnet, was ihre Richtigkeit, freilich nicht ihre Wahrheit beeinträchtigt. Keiner von den Heidelberger Romantikern hat den Ort und seine Landschaft so hellsichtig als Chiffre begriffen und gezeichnet wie der Autor des 1834 erschienenen Romans ›Dichter und ihre Gesellen‹, der mit der dem Helden Fortunat aufs Herz fallenden Erinnerung an Heidelberg einsetzt.

»Heidelberg ist selbst eine prächtige Romantik; da umschlingt der Frühling Haus und Hof und alles Gewöhnliche mit Reben und Blumen, und erzählen Burgen und Wälder ein wunderbares Märchen der Vorzeit, als gäbe es nichts Gemeines auf der Welt.« So liest man in Eichendorffs letztem Text, den Erinnerungen an ›Halle und Heidelberg‹. Als Chiffre für jenen eigentlich nur im Vorübersein erkennbaren Augenblick der Jugend, da alles möglich scheint, alles Aufbruch ist, nicht Gefahr und Tod, sondern das Gewöhnliche und Mittelmäßige als Bedrohung des Lebens gefürchtet werden, ist Heidelberg unvergänglich. In den frühen Jahren des 19. Jahrhunderts, die Eichendorff, Arnim, Brentano, den Grafen Loeben (›Isidorus Orientalis‹) mit seinen fast gleichaltrigen Jüngern Strauß und Budde (›Dionysos‹ und ›Astralis‹) um die glühend verehrten Lehrer Creuzer und Görres vereinte, fiel die natürliche jugendliche Verachtung eines »vernünftigen«, in vorgezeichneter Bahn geheimnis- und risikolos dahinfließenden Daseins mit dem geschichtlichen Moment des romantischen Protests gegen eine immer flacher und selbstzufriedener gewordene Aufklärung zusammen.

Der »Frühlingssturm« hatte ganz Deutschland ergriffen, aber »dazumal in Heidelberg« gab es einen besonders »tiefen, nachhaltigen Klang«. In der Person des 1805 mit 54 Jahren »zu tatloser Mitwirkung« (d.h. ohne Lehrverpflichtungen) an die reorganisierte Universität berufenen Johann Heinrich Voß verkörperte sich für die Heidelberger Romantiker, was sie wegwerfend die »alte Prosa« nannten. Aber hinter diesem Alter, das sich überlebt hatte, leuchtete ihnen eine ältere Vergangenheit, die der faden, feigen Gegenwart den Spiegel vorhielt: das als Epoche recht unscharf, aber um so verlockender sich abzeichnende Mittelalter, dessen vielstimmige Kunde aus des ›Knaben Wunderhorn‹

tönte und das in den Ruinen des Heidelberger Schlosses sichtbare Gestalt annahm.

Die jungen Männer, die aus ihren Heimatorten in die unbekannte Stadt zum Studieren kamen, entdeckten die Fremde als ihre eigentliche Heimat. Der Aufstieg zum Schloß hatte den Charakter einer Initiation. Es ist das in Trümmer gesunkene »alte große Teutschland«, das sie und ihre Lehrer hier finden. »Wer da nicht ergriffen wird, der muß so flach sein wie die neue Aufklärung«, schreibt der Philologe und Mythenforscher Friedrich Creuzer 1804, wenige Tage nach seiner Ankunft in Heidelberg.

Der Blick auf das Schloß als Symbol vergangener Größe – ob sie nun, Inbegriff der Vergänglichkeit alles Irdischen, in Elegien beklagt oder zum Appell der Wiedererweckung eines höheren Lebens stilisiert wurde –, der Blick war noch ganz frei von verzerrender nationalpolitischer Optik. Nach Eichendorffs, Brentanos, Arnims, Görres' Weggang (sie alle hatten den Ort ihrer Begeisterung im Lauf des Jahres 1808 wieder verlassen, die Flüchtigkeit des Verweilens, das Transitorische gehören zur romantischen Heidelberg-Erfahrung) änderte sich das geistige Klima gründlich. Was an romantischer Empfindung übrig ist, verliert sich in schwächlichen Nachklängen wie bei Lenau, der 1833 der Heidelberger Ruine eine lange Folge wehleidiger Kreuzreimstrophen widmet, oder ballt sich (zur literarisch nicht weniger epigonalen) lyrischen Faust gegen den Erb- und Erzfeind.

Für Max von Schenkendorf ist das Heidelberger Schloß 1817 zum Monument »welscher« Zerstörungswut geworden. Die Völkerschlacht bei Leipzig brachte den längst fälligen Tag der Rache: Im »warmen Feindesblut« hat sich Deutschland von der Schuld seines zu langen Wartens reingewaschen. In diese Zeit fällt die Gründung der Heidelberger Burschenschaft. Ihr waren die »Landsmannschaften« vorausgegangen; schon diese hatten, nach Eichendorffs Urteil, den romantischen Impuls der Jugendlust, wie er sich in den ursprünglichen studentischen Ordensverbindungen »noch ohne speziell politischen Beigeschmack ausdrückte, durch »pedantisches Systematisieren« verfälscht.

Scheffels Lieder (›Alt-Heidelberg, du feine ...‹) schrieben dann um die Mitte des Jahrhunderts den falschen Heidelberg-Mythos für Jahrzehnte fest. Auf dem berühmten Philosophenweg am Hang des Heiligenbergs erhebt sich oberhalb der sogenannten Eichendorffanlage die klotzige Bismarcksäule von 1903, auf der die Nazis ihre »Mahnfeuer« entzündeten. Ist der Weg vom Morgenzauber der Heidelberger Romantik zum Geist nationalistischer Reaktion wirklich so kurz?

Nachträglich ist man beinahe versucht, dem militanten Vernunftglauben eines Voß gegen seine romantischen Widersacher Görres, Creuzer und Arnim recht zu geben. Die Fehde nahm Formen äußerster Erbitterung an und vergiftete die Heidelberger Atmosphäre nachhaltig. Sie flammte auf, als die von Arnim herausgegebene ›Zeitung für Einsiedler‹ gegen das bei Cotta seit Beginn des Jahres 1807 in Tübingen verlegte aufklärerische ›Morgenblatt für gebildete Stände‹ satirisch polemisierte, und dauerte bis zum Tod des »Großinquisitors des Rationalismus« 1826. Voß sprach von der »geheuchelten Einfaltsmiene« der ›Wunderhorn‹-Herausgeber, nannte die Sammlung einen »heillosen Mischmasch von allerlei butzigen, trutzigen, schmutzigen, nichtsnutzigen Gassenhauern, samt einigen abgestandenen Kirchenhauern«. In Creuzer und Görres griff er die Tendenz der Zeit zu Mythos und Mystik und zur katholischen Kirche an – im Namen eines allerdings trostlos ausgebleichten Aufklärertums und erstarrten Klassizismus.

Das Heidelberger Schloß, die »schicksalskundige Burg« (Hölderlin)

Wie die Romantik in Heidelberg zum Kitsch eines Scheffel und Meyer-Förster, ihr »lebendiger« zum »deutschen« Geist entartete, so verlief sich hier auch die von Voß vertretene Aufklärung in literarische Formen, die keine Fortsetzung mehr zuließen. Zunächst freilich schien ihr eine bedeutende Zukunft beschieden. Im Winter 1848 hielt Ludwig Feuerbach im Heidelberger Rathaus Vorträge über das Wesen des Christentums, durch die er »gleich einem Zaubervogel den Gott aus der Brust von Tausenden hinweggsang«. So steht's in Gottfried Kellers ›Grünem Heinrich‹, der ohne die vorangegangene Entzauberung durch den Zaubervogel nicht hätte geschrieben werden können. Unter dem Einfluß des atheistischen Philosophen verlor Keller den angestammten christlichen Unsterblichkeitsglauben. Er nimmt die Ent-täuschung beim Wort, wertet den Verlust als Gewinn. Die Welt erscheint in neuem Licht, weil nichts mehr auf eine bessere Welt hinter oder über ihr verweist. Es ist die Welt ohne Transzendenz, in der sich das sterblich gewordene Ich wiederfindet. Erst jetzt kann es sich im Heute und Hier wirklich zu Hause fühlen.

Kellers zweijähriger Aufenthalt in Heidelberg führt also zur Geburt dessen, was die Literaturgeschichte poetischen Realismus nennt. Er freilich mündete nach wenigen Jahrzehnten in die Sackgasse des Naturalismus. Ihm erstand um die Jahrhundertwende in Stefan Georges das »schöne Leben« verkündendem Engel ein mächtiger literarischer Widerpart. In den Antipoden Stefan George und Max Weber und ihrem jeweiligen Kreis kehrt die Gegnerschaft der Romantiker und Rationalisten in veränderter Gestalt und auf bedeutend höherem Niveau wieder.

Das Haus von Max und Marianne Weber an der Ziegelhäuser Landstraße 17 wird mit seinen allsonntäglichen »jours« von 1910 an zu einem geistigen Zentrum des »Weltdorfs« Heidelberg. Hier treffen sich der Jurist Gustav Radbruch, der Romanist Karl Vossler und der damals noch psychiatrisch orientierte Karl Jaspers. Der junge Georg Lukács und sein sich als enfant terrible gebärdender Freund Ernst Bloch sind regelmäßige Teilnehmer, aber auch Georges Heidelberger Statthalter Friedrich Gundolf zählt zu den Gästen – selbst nachdem sein »Meister« den Kontakt zu Max Weber, dem Repräsentanten eines wertneutralen Wissenschaftsethos, abgebrochen hat.

»Von mir aus führt kein Weg zur Wissenschaft«, erklärte George kategorisch, während Weber sich scharf gegen die »moderne intellektualistische Romantik des Irrationalen« wandte. Aber mit wissenschaftlicher Unparteilichkeit betrachtete er den George-Kreis als Studienobjekt für das Phänomen von Sektenbildung und charismatischer Herrschaft. Der Führer war zugleich ein Verführer, der junge Menschen nicht nur weckte und formte, sondern auch hypnotisierte und zerstörte. Da steht er, ein durchaus unheimlicher Zauberer, am Fenster der Heidelberger Villa Lobstein am Schloßberg, Ausschau haltend, wie sein Jünger Edgar Salin berichtet, »ob unter der vorbeiflutenden Jugend einer zu sichten sei, dessen Haltung, dessen Gang, dessen Auge ihn des Kreises der Freunde würdig erscheinen ließe«.

Sucht sich hier nicht einer, dem Gewalt gegeben ist über entzündliche, formbare Seelen, seine Opfer aus? Wer in den Bann geriet, fand kaum je mehr heraus, und wenn, als Verstümmelter. Einer, der sich löste, aber nie ganz davonkam, erinnert sich des Schreckens. Zehn Jahre nach Georges Tod schreibt Max Kommerell an eine Jugendfreundin: »... und nun war die ganze Gegend verzaubert durch den, der unentrinnbar schien, wo immer er aufstieg, das sagenhafte weiße Haupt wiegend, und von zwei langen Jünglingen gestützt – und die Füße wußten nichts anderes mehr als mich zu ihm hinzutragen. Was folgte darauf? Eine 9jährige freiwillige Dienstbarkeit, mit wilden, aber nur inneren, wie vor 300 Jahren in einem fernen Reich geschehenen Abenteuern – und welche Enthaltungen, welche Versäumnisse, welch frevelhaftes Glück und welche Zerstörungen ...«

Max Webers Ideal einer interessefreien Erkenntnis erwies sich als Illusion, Stefan Georges Absage an die Wissenschaft zugunsten eines verstiegenen Traums von Lebensschönheit als nicht ungefährlicher Irrweg. Georges Dichtung habe, so Ernst Bertram im Sommer 1933, »die mächtigen Wirklichkeiten von heute und künftig mitheraufgerufen, zu denen wir uns heute mit so hohen Hoffnungen bekennen«.

Der Pfad, der zwischen Aufklärung und Mythos hindurchführt, ist schmaler als der mittlerweile geteerte, von Touristenschwärmen heimgesuchte Philosophenweg, auf dem Hegel und Feuerbach wandelten und George grußlos an einem seiner Jünger vorüberging, wenn dieser in Ungnade gefallen war. Schmaler auch als der Aufstieg zum Schloß, dessen Garten Goethes bevorzugter Aufenthalt während der 1814 und 1815 in Heidelberg verbrachten Wochen war. Er wohnte im Palais Sickingen am Karlsplatz, auf das man vom Altan geradeaus hinunterblickt. Die Brüder Boisserée hatten dort ihre berühmte Sammlung altdeutscher und niederländischer Gemälde aufgestellt, »eine ganz neue und bisher mir ganz unbekannte Welt von Farben und Gestalten, die mich aus dem alten Gleise meiner Anschauungen und Empfindungen herauszwingt«.

In Goethes umfassendem Geist fanden griechische Klassik und deutsches Mittelalter nebeneinander Platz. Ungezwungen verkehrte er bei den verfeindeten Parteien, besuchte Voß und den nicht weniger kompromißlos dem Rationalismus verschworenen Theologen Paulus (dessen dreizehnjähriger Sohn zum Vorbild des Schenken im ›Divan‹ wurde). Andererseits ging er mit Creuzer auf dem Schloß spazieren und ließ sich über den symbolischen Doppelsinn der griechischen Mythen belehren. Das Gespräch wird mit den Gingo-Strophen aus dem ›Buch Suleika‹ in Zusammenhang gebracht, dem »Eins und doppelt« als dem »geheimen Sinn« des gespaltenen Blattes dieses im Heidelberger Schloßpark vertretenen japanischen Baums. Es wird zum Symbol von Goethes Liebe zu Marianne von Willemer, mit der er hier am 25. September 1815 die letzten Stunden vor der endgültigen Trennung verlebte. Immer wieder kehrte Marianne an den »Zauberort« zurück: »Hier war ich glücklich, liebend und geliebt.«

Rückkehr nach Orplid – Erinnerungslandschaft Tübingen, fast unversehrt

Als ich über die Brücke fuhr und die Häußer-Fronte der Stadt am Neckar hinauf nach alter Weise erleuchtet und dann – Mich selbst ansah da falteten sich unwillkürlich meine Hände u. klemmten sich meine Finger ineinander – ich jauchzte, fast schaudernd in mich hinein!« Das schreibt der 23jährige Ex-Stiftler Eduard Mörike am Abend des 10. September 1827 in einem Zimmer der Tübinger Walkmühle beim Neckartor (heute Neckargasse 22) an den Ex-Stiftler Johannes Mährlen, der zwei Jahre zuvor die Stube nebenan mit ihm geteilt hat. (Manche Seminaristen erhielten die Genehmigung, extern zu wohnen.) Er hört wieder die »Melodie des Wassersturzes«, der »mich so hundertmal an Deiner Seite eingesungen«. Mühlrad und Wassersturz samt seiner fünfbogigen Brücke sind verschwunden, der Neckar wurde reguliert und gezähmt, die neue Betonbrücke stammt aus dem Anfang unseres Jahrhunderts.

Nirgends hat sich Mörikes – sonst weitgehend unversehrtes – Tübingen stärker verändert als ausgerechnet hier am Eingang zur Altstadt, wo die neue Mühlstraße zwischen Österberg und Stadtmauer zum Lustnauer Tor führt (zwölf Jahre hieß sie Adolf-Hitler-Straße). Uhlands Wohn- und Sterbehaus wurde 1944 durch Bomben zerstört. Heute steht dort ein niedriger Laden, der sich großspurig ›Uhland-Haus‹ nennt und Handwerksprodukte aus dem Riesengebirge feilbietet. Daneben hat die ›Burschenschaft Germania‹ ihr Korporationshaus. Zu der Zeit, als Mörike und Mährlen, die das politische Treiben der Studenten verachteten, das Stift bezogen (1822), gehörte ihr Wilhelm Hauff an, ein Stiftler auch er, obwohl er auf der anderen Seite des Schloßbergs bei seiner Mutter in der Haaggasse wohnte.

Zwischen der Zerstörung des Uhland-Hauses und dem in Tübingen so ungebrochenen Verbindungswesen gibt es einen Zusammenhang. Nach dem Scheitern des Aufbruchs von 1848 verwandelte sich der demokratische Geist der Burschenschaften in einen markigen und bald auch martialischen Hurrapatriotismus, eine Entwicklung, die in dem 1873 in Bahnhofsnähe errichteten Uhland-Denkmal ihren erschreckend plastischen Ausdruck fand: Der kompromißlose liberale Oppositionelle wurde zum Vorkämpfer des Bismarck-Reiches umgemodelt. So ist der Weg von Uhlands Geburtshaus in der Neckarhalde gegenüber dem Stift den Klosterberg hinunter auf die von der Gründerzeit geprägte andere Seite des Flusses mit Uhlandstraße, Uhland-Monument, Uhland-Gymnasium und Uhland-Bad auch ein Gang durch das 19. Jahrhundert: vom Glücksversprechen seiner Anfänge (»O flaumenleichte Zeit der dunklen Frühe!«) in die groben Plattheiten seiner späteren Jahrzehnte.

Vom Denkmal führt der Weg ohne große Umschweife in das braune Tübingen der dreißiger Jahre. In Theodor Haerings 1935 erschienenem »romantischen Spaziergang durch das nächtliche Tübingen« geht es keineswegs so harmlos zu, wie der dem Heimatdichter Christian Späth abgelauschte launige Titel ›Der Mond braust durch das Neckartal‹ vermuten lassen könnte. Singende SA-Trupps und dem einsamen Nachtwanderer ihr helles »Heil Hitler!« zurufende Zeitungsfrauen geistern durch die Gassen und über die Plätze. Auf dem Schloß, wo hundert Jahre vorher der Burschenschaftler Berthold Auerbach als Untersuchungsgefangener saß und der zeitlebens ebenso glücklose wie konsequent demokratisch gesinnte Hermann Kurz das kümmerlich dotierte Amt eines zweiten Universitätsunterbibliothekars versah, hat sich eine Ahnenforschungsstelle etabliert, die »über Arier- und Nichtariertum zu entscheiden« hat. Die »Marxistenzeit« mit ihren Klassengegensätzen ist überwunden, in den Tübinger Weinwirtschaften haben Bürger und Studenten, Professoren und Handwerker wieder zur Volksgemeinschaft zusammengefunden.

Bei alldem ist Haerings Buch ein originelles, auf weite Strecken durchaus sympathisches Zeugnis der Heimatliebe eines schwäbischen Philosophieprofessors. Blut-und-Boden-Töne fehlen auch in dem anderen klassischen Tübingen-Buch jener Jahre nicht ganz, den ›Stiftsköpfen‹ von 1938. Sein Verfasser Ernst Müller wurde nach dem Krieg der Herausgeber des ›Schwäbischen Tagblatts‹ und als Polyhistor, Anreger, Förderer junger Talente bald eine Legende zu Lebzeiten. Ernst Bloch beteuerte, die Lektüre seines »Blättle« nicht missen zu wollen, falls er noch einmal den Wohnort wechseln müßte. Hans Mayer, Tübinger Wahlbürger wie Bloch, nannte ihn eine »Gegenuniversität«.

Über die Gegenuniversität war dann auch von den Nazis Berufsverbot verhängt worden. Der anderen, der Eberhardina, gelang es, »den Übergang vom Kaiserreich zur Diktatur (die Republik hatte in Tübingen nicht stattgefunden) nahezu bruchlos zu vollziehen«. So Walter Jens in seiner 1977 zur 500-Jahr-Feier vorgelegten Universitätsgeschichte.

Von Mörike und seinen Freunden führt keine Linie ins Kaiserreich, das der Dichter noch erlebte, aber im Unterschied zu den wenige Jahre jüngeren Stiftsgenossen Friedrich Theodor Vischer und David Friedrich Strauß als fremde Welt. Er hatte seinem Jahrhundert auf andere Weise Tribut gezollt: Aus den Brunnenstuben in den Schluchten des Österbergs, von der Höhe des mittelalterlichen Schlosses, wo der Schloßküper seine geisterhaften Gäste bewirtete, und aus dem ›Elysium‹ genannten Wäldchen im Käsenbachtal war es immer tiefer abwärts gegangen in psychosomatische Verdüsterung und künstlerische Resignation. Man muß nur die Tuschezeichnung Rudolf Lohbauers, die Mörike mit seinen Freunden in einer Tübinger Laube zeigt, mit den Photographien des alten Dichters vergleichen, um an seinen grämlichen und erschlafften Zügen die Entfernung von der eigenen Jugend zu ermessen – auch wenn der jungen Isolde Kurz, die Mörike bei seinem letzten Aufenthalt in Bebenhausen im Sommer 1874 besuchte, das Maskenhafte dieses Gesichts auffiel und sie jeden Augenblick seine Verwandlung in einen jugendlichen Griechenkopf oder einen lächelnden Ariel erwartete.

Als Mörike 1827 an Mährlen schrieb, war der Morgentraum schon ausgeträumt. Der Kreis der Freunde war zerstoben: Mährlen, Hardegg, Hartlaub hatte es als Vikare dahin und dorthin verschlagen. Mörike selbst absolvierte in Köngen bei Nürtingen bereits sein drittes Vikariat binnen eines Jahres. Ludwig Bauer, Mörikes Gefährte auf den Reisen nach der erfundenen Insel Orplid, hatte schon im Herbst 1825 Stift und Stadt verlassen, und der vielfach vorgewarnte und im September 1826 »in Betracht seiner beharrlichen Unordnungen und seiner gänzlichen Vernachlässigung der bestimmungsgemäßen Studien« dimittierte Seminarist Wilhelm Waiblinger war nach Rom abgereist, wo er vier Jahre später elend zugrunde ging.

Aber nicht weniger als die äußeren Umstände hatten innere Spannungen zur Auflösung der jugendlichen Gemeinsamkeit beigetragen. Die wechselseitigen Beziehungen zwischen diesen zu Beginn des Jahrhunderts Geborenen waren viel weniger stabil als die der knapp zwei Jahrzehnte älteren

Generation: der Uhland, Mayer, Kerner, Schwab. Die hatten zwar als Tübinger Studenten mit ihrem handgeschriebenen ›Sonntags-Blatt‹ gegen die rationalistische Vorherrschaft von Cottas ›Morgenblatt für gebildete Stände‹ rebelliert und die (von Heine in seinem ›Schwabenspiegel‹ verspottete) schwäbische Spielart der Spätromantik ins Leben gerufen. Aber es waren doch nüchterne, der Wirklichkeit zugewandte Männer, die als Juristen, Lehrer, Ärzte wirkten – die Poesie diente der problemlosen Verklärung ihres wohlgeordneten Alltags. Selbst Kerner wußte Mystik und Lebenspraxis unter einem Dach, dem seines behaglichen und gastfreien Weinsberger Hauses, erstaunlich reibungslos zu vereinen.

Er hatte als angehender Mediziner 1806 in Autenrieths eben in der alten Burse eingerichtetem Clinicum den kranken Hölderlin behandelt, auch in seinem 1811 veröffentlichten Roman ›Reiseschatten‹ seine Beobachtungen literarisch ausgebeutet. Aber den Verfasser eines (von Cotta verlegten) Beitrags »zur Untersuchung des in verdorbenen Würsten giftig wirkenden Stoffes« trennte doch eine Welt von der Abgötterei, die Waiblinger und die Seinen mit ihrem Hölderlin trieben. Waiblingers ›Phaeton‹, Mörikes ›Feuerreiter‹ sind ihre poetischen Niederschläge.

Noch als Stuttgarter Gymnasiast hatte der achtzehnjährige Waiblinger, das enfant terrible der deutschen Literaturgeschichte, den Briefroman hingeworfen und das aus ›Werther‹, ›Hyperion‹ und pubertären Gärungsstoffen zusammengesudelte Ding war im Jahr darauf tatsächlich gedruckt worden. Nach Waiblingers erstem Besuch bei dem seit eineinhalb Jahrzehnten im Haus des Schreinermeisters Zimmer internierten Hölderlin nahm der zunächst als Selbstbildnis angelegte Phaeton immer deutlicher die Züge des von Apollon geschlagenen Sängers an.

Das Buch spiegelt den Prozeß der gewaltsam betriebenen Identifikation seines Verfassers mit dem wahnsinnigen Dichter. »Weder mit Göthe noch Schiller noch irgend einem andern kleinern oder grössern Dichter fühl ich eine Verwandtschaft, blos mit – Hölderlin«, schreibt er ins Tagebuch. Unter dem Titel ›Hugo Thorwalds Lehrjahre‹ drängte er seine intimen Ergüsse den Freunden zur Lektüre auf und bot sie, noch keine neunzehn Jahre alt, dem Stuttgarter Verleger Franckh zur Veröffentlichung an. In Waiblingers exhibitionistischem und theatralischem Gebaren, das schließlich zum Zerwürfnis mit allen Freunden führte – noch sein erbärmliches Ende in Rom blieb von schadenfrohen Kommentaren begleitet –, kam gleichwohl etwas ihnen Gemeinsames zum Vorschein; es war nur auf die äußerste Spitze getrieben. Eine hitzige, zur Exzentrik und zum Gefühlsexzeß neigende Stiftsjugend, die in dem unruhigen Bewohner des in nächster Nachbarschaft gelegenen Turms ihren – wie sie vom Schicksal des Eingesperrtseins betroffenen – Heiligen hatte.

Hinter dem Fenster des kahlen, »amphitheatralischen« Zimmers (das erheblich kleiner war als das heute gezeigte) oder im »Zwinger«, dem schmalen Gang, der entlang der Neckarfront vom Turm zur Brücke führt, sahen sie ihn wie ein gefangenes Tier auf- und abwandern. In Mörikes Ballade vom ›Feuerreiter‹ taucht die ins Rote umgefärbte Mütze des ruhelosen Dichters auf; wer Lust hat, mag eine Jakobinermütze in ihr sehen. Der 20jährige Stiftler schrieb seine Romanze, wieder einmal die Dogmatik schwänzend, beim Philosophenbrunnen auf dem Österberg im Sommer 1824, wenige Monate bevor im Clinicum ein auf Brandstiftung zurückgehendes Feuer ausbrach. Es zog ein Gerichtsverfahren nach sich, in das auch Waiblinger verwickelt wurde.

Die Jungen zerrten ihren »Jammerheiligen« auf den

Hölderlinturm an der Tübinger Neckarfront, die sich heute wie damals, als Wilhelm Waiblinger den kranken Dichter besuchte, über dem Fluß auftürmt

»Parnaß«, wie sie den Österberg nach dem Vorbild des jungen Hölderlin und seiner Stiftsfreunde nannten; dort hatte Waiblinger ein Sommerhäuschen zum Dichten gemietet, das schon, wie er vermeinte, Wieland bei der Niederschrift seines ›Oberon‹ beherbergt hatte. Seinem »Gesuch sich in 1 Gartenhaus aufzuhalten« war vom Stiftsephorat stattgegeben worden; so schlimm kann es also mit dem klösterlichen Fesselzwang nicht gewesen sein. Im Presselschen Gartenhaus hatten die Freunde ihr Refugium. Mit Hermann Hesses 1913 erschienener Erzählung »aus dem alten Tübingen« ist es in die Literatur eingegangen. Es selbst war schon, wie es sich für ein so windiges Gebilde gehört, verschwunden gewesen, als der junge Hesse 1895 in der Buchhandlung Heckenauer am Holzmarkt seine Buchhändlerlehre antrat. Sucht man seinem einstigen Standort auf die Spur zu kommen, und die in Tübingen besonders rege Literaturgeographie hat es natürlich versucht, gibt der so fest wirkende Boden des Österbergs schnell nach, man versinkt in Widersprüchen, Waiblingers »Luftschloß« will sich nicht eindeutig festmachen lassen.

Zum Glück des Lesers von Hesses Novelle. Sie eröffnet die illustre Reihe von literarischen Gestaltungen, die den schon früh zum Mythos gewordenen Figuren, Konstellationen, Ereignissen jener Tübinger Tage zuteil wurden. Peter Härtling will sogar, so steht's in seinem Hölderlin-Roman, andächtig vor dem Presselschen Gartenhaus als einer der aus Hölderlins Tübingen »erhaltenen Vergangenheiten« gestanden haben. Bei Hermann Lenz (›Erinnerung an Eduard‹) gehört auch der Erzähler dem vergangenen Jahrhundert an: »Hoher Mittag im Oktober. Klarheit über laubgärender Erde in der Farbenströmung der Talhänge, im weißen Licht bis zur Alb. Die Fenster des Gartenhauses standen offen.«

Auch Hermann Hesse gelingt die fast nahtlose Verwandlung der gewissenhaft recherchierten Wirklichkeit in den Kosmos einer, seiner Erzählung. Alles »stimmt« – und doch ist ›Im Presselschen Gartenhaus‹ zu schön geschrieben, um ganz wahr zu sein. In Wirklichkeit ging es wüster, pathologischer, gefährlicher zu. Denn wie sich für diese Zwanzigjährigen im Wahnsinn ihres Gruppengottes die Wahrheit einer poetischen Existenz ausdrückte, so empfanden sie die ihnen zugedachte Normalität als etwas Verrücktes, dem es mit allen Mitteln zu entfliehen galt. »Mein Reich«, notierte Waiblinger, »ist nicht von diesem Stift ... Da ward denn von nichts als soliden Studien gesprochen und von ernsten Wissenschaften, als ob die Poesie nur Spaß wäre.« Dem Regierungskommissär der Universität, vor dem er sich wegen eines Alkoholexzesses zu verantworten hat, erklärt er, er sei in nüchternem Zustand so lebhaft wie andere in betrunkenem. Und Mörike läßt sich vom Seminarkrankenwärter Blutegel ansetzen, weil er überzeugt ist, »daß nur durch Blutverlust meinem kochenden Kopf zu helfen sey«.

Sie feiern zu sechst die Vollendung einer Dichtung von Ludwig (»Louis«) Bauer, schleppen eine Menge Wein ins Gartenhaus, lauschen hingebungsvoll der Vorlesung, während die Lichter durchs Hellgrün in der Nacht den Berg heraufleuchten. »Bald wards wilder.« Es kommt zu lautstarkem Streit. Waiblinger geht mit dem Messer auf einen, von dem er sich beleidigt glaubt, los, der reißt sich das Hemd auf und fordert ihn auf, zuzustechen. Bauer wirft sich dazwischen. »Zum Glück gabs nur einige leichte Ritze... Den Morgen über entsetzlichen Jammer.« Aber erst nach Waiblingers Affäre mit Julie Michaelis, der Schwester eines Tübinger Professors, kündigt Bauer ihm die Freundschaft; Mörike schreibt vier Monate später seinerseits den Abschiedsbrief, sendet ihn aber nicht ab.

Die Freundschaften zwischen diesen jungen Männern

sind treibhaushaft überhitzt. Der Gewalt der Anziehungskraft entspricht die Heftigkeit der Zerwürfnisse, auf Treueschwüre folgen dramatische Trennungsszenen In Brunnenstuben, Kreuzgängen, am Schloßtor droben tauschen sie Zeichen des geheimen Einverständnisses. »Weißt du«, schreibt Bauer an Mörike, »wenn man in das Tübinger Schloßthor kommt, und der Eine spricht leise ein Wort an die Mauer, so hören's die nahe Stehenden nicht, aber der, welcher gerade gegenüber sein Ohr an die Mauer hält, versteht es: – so würden wir uns auch aus der Ferne verstehen.«

In diesem Klima gedieh die schönste poetische Blüte, die einer Freundschaft je entwuchs: der Mythos von Orplid, jener in einem mit minutiöser Genauigkeit beschriebenen Utopia gelegenen Insel, einer Schöpfung der Göttin Weyla, nach der auch der Hauptfluß des Landes seinen Namen trägt, indessen die Berge recht heimatnah Groosmampfler oder Häupfelberg heißen. Die Geburt dieses durch und durch heidnischen Phantasiegebildes angehender Pfarrer fällt in den Sommer 1825, als die Aufregung um Waiblinger sich gelegt, Mörike die Verstörung durch das Auftauchen der vagabundierenden Schönheit Maria Meyer, seiner »Peregrina«, überwunden hat. Die Eröffnung seines Geheimnisses begründete die innige Gemeinschaft mit Ludwig Amandus Bauer, die sich in der Erfindung jener sagenfernen und zugleich so gegenwärtigen Seelenlandschaft erfüllte. Das Erhabene und das Komische, Dichtersehnsucht und Studentenspaß, inbrünstige Schwärmerei und phantastisches Rollenspiel gehen dabei eine einzigartige Verbindung ein. In der »Wispel«-Sprache heißt Shakespeare »Sparchel«, Mozart »Mossar«, ein dichterischer Entwurf »Confitsch«. Aber ein Confitsch Mörikes wird als Evangelium behandelt, und Sparchel und Mossar werden wie Himmelserscheinungen verehrt.

Das Inselglück des gemeinsamen Aufenthalts in Orplid dauerte nur einen flüchtigen Sommer lang. Bereits im Herbst mußte Bauer die Pfarrei von Ernsbach übernehmen. Unermüdlich beschwört er in Briefen an den zurückgebliebenen Freund die orplidischen Symbole. Die Vision, im Hochgebirge jugendlicher Phantasieverstiegenheit empfangen, gewinnt immer größere Bedeutung, je unaufhaltsamer der Lebensweg in das Flachland der Normalität führt.

Dem Mythos folgt die Mythologie, die im Detail festhalten will, was sich als lebendige Wirklichkeit entzieht. »Besinne dich doch«, schreibt er an Mörike, »und berathe dich auch mit denen, die etwas wissen können, an welchem Tage Orplid geboren wurde?« Das Niemals soll an ein Wann, das Nirgendwo an ein Wo gebunden werden: Es war »auf dem Berge hinter der Ammer, wo Orplid geboren ward, wo wir die Namen erfanden, und uns freudig wieder fanden in einer neuen Heimath«. Einmal, im Herbst 1829, kehren die Freunde noch einmal in diese Heimat zurück. Sie gehen von Plattenhardt, wo Mörike das Amt eines Pfarrverwesers ausübt, zu Fuß nach Tübingen, besuchen die alten Studentenkneipen, allen voran die ›Beckbeckei‹ in der Neckargasse, und steigen zu »Pressels orplidischem Turm« empor.

»Die Zeit und die Welt um uns her war für uns verschwunden: ein Zauber fiel auf unsere Sinne.« – Wer in Tübingen einkehrt, kehrt zurück, auf der Suche nach etwas Verlorenem, das »ferne leuchtet«. Der Ort ist Erinnerungsterrain, wie Tübingen-Orplid Jugendland ist. Hier war man schon einmal – als Student oder gar als Magister. Denn die Repetenten im Stift waren ihren Schülern nur wenige Jahre voraus, und als der 21jährige Philipp Melanchthon 1518 Tübingen verließ, hatte er schon vier Dozentenjahre an der Artistenfakultät hinter sich.

Ohne Selbstbegegnung bliebe der Besuch leer. Mörike

widerfuhr sie im Anblick der erleuchteten Neckarfront, die sich heute wie vor zweihundert Jahren über dem Fluß auftürmt. Beim Spaziergang durch die berühmte Platanenallee zwischen Fluß und Kanal ergeben sich fast von Schritt zu Schritt perspektivische Verschiebungen, und im Wasser kann man die möwenumschwirrten »schwimmenden Hölderlin-Türme« aus Celans Tübingen-Gedicht mit eigenen Augen sehen. Ich mußte ein Stück weit ins Seufzerwäldchen eindringen, um die rückwärtige Fassade des Hauses der Neckarhalde auszumachen, wo ich im Sommersemester 1955 wohnte.

Die Veränderungen halten sich in Grenzen. In das damals in meiner Nachbarschaft gelegene Domizil von Theodor Haering, wo auch einmal für ein paar Monate (im Sommer 1928) der zwölfjährige Peter Weiss wohnte, sind die Städtischen Sammlungen eingezogen. Das Stift wirkt so frisch renoviert, daß ich es kaum wiedererkannte; dafür existiert noch die ›Traube‹ am Faulen Eck, deren Speisekarte dem unerschwinglichen Essen in der ebenfalls noch vorhandenen ›Forelle‹ in der Kronengasse vorgezogen werden mußte. Im Hölderlin-Turm zeigt man inzwischen ein anderes Zimmer als den authentischen Aufenthaltsort des Dichters. Schmerzlich vermissen würde ich heute den oberen Hörsaal in der Alten Aula, wo seinerzeit die altphilologischen Vorlesungen stattfanden; der junge Walter Jens dozierte hier über ›Hofmannsthal und die Griechen‹ (noch war ein Lehrstuhl für Rhetorik außer Sichtweite).

Meine Lehrer Walter F. Otto, Wolfgang Schadewaldt, Otto Weinreich sind gestorben. Die Schrift auf dem Grabstein von Eduard Spranger, unweit des Hölderlin-Grabs auf dem Stadtfriedhof, ist kaum mehr lesbar; mein damaliges Vorlesungsverzeichnis kündigt ein Oberseminar für Auserwählte an, zu denen ich nicht gehörte. Dieses Vorlesungsverzeichnis ist ein dünnes Heft von 70 Seiten; das gegenwärtige ist zu einem achtmal so umfangreichen Band angeschwollen. Im einen steht Ernst Bloch nocht nicht, im anderen nicht mehr. Als Emeritus wurde 1955 noch der katholische Theologe Karl Adam geführt, der in den dreißiger Jahren nicht weniger berühmt war, als es Hans Küng heute ist. Ich war bei ihm ›Im Schönblick‹ eingeladen, und er ging in seiner Fürsorglichkeit soweit, daß er mir mit seinem Löffel den Tee in meiner Tasse umrührte.

»Wie Lohengrin, nur viel schöner« – Bamberg zwischen Romanik und Romantik

Das Bewundernswerteste am Reiter scheint mir die Leichtigkeit höchster Tatkraft; es ist ein Mann wie federnder Stahl, gelenkig, sehnig, rasch, ohne Schwere trotz des Ernstes seiner Aufgabe, geschmeidig und wandelbar im Festhalten des Reinen, sich biegend ohne zu brechen, in leichter, sicherer Haltung über furchtbare Abgründe reitend: Es ist kein Wunder, daß ein Geschlecht wie dieses das erste war in der Welt.« So notiert der junge Reinhold Schneider, unaufhörlich durch Europa reisend auf der verzweifelten Suche nach einem Halt in der Geschichte, 1931 in sein Tagebuch. Wer den Bamberger Dom durch den nach Norden gelegenen der beiden Osttürme betritt, durch die sogenannte Gnadenpforte also (die sich vom Portal des südlichen Turms, der strengeren Adamspforte, auf Grund ihrer andersartigen liturgischen Funktion, durch Höhe, Schlankheit und reicheren Schmuck unterscheidet), der blickt schon nach wenigen Schritten zu der berühmtesten Skulptur des Bauwerks und dem Wahrzeichen der Stadt empor. Am linken Pfeiler vor dem Osttor steht die Reiterstatue auf einem akanthusgeschmückten Sockel, das seinerseits emporgerichtete, lockenumwallte und gekrönte Haupt unter einem Baldachin geborgen.

Sie stand dort seit je, ein Werk aus derselben Zeit, die den Neubau des Doms in seiner bis heute erhaltenen Gestalt hervorbrachte. Das Jahr des Baubeginns ist nicht überliefert, die Entstehung der riesigen Anlage nahm aber wenig mehr als zwei Jahrzehnte in Anspruch, die beiden letzten

Drittel der Regierungszeit des Bischofs Ekbert von Andechs-Meran. Am 6. Mai 1237 wurde der Dom feierlich geweiht – in Abwesenheit des Bauherrn, der im Auftrag Kaiser Friedrichs in Wien weilte, wo er einen Monat später starb.

Auch wenn der Steilhang, mit dem das Plateau des Burgbergs gegen die Stadt abfällt, durch Aufschüttungen viel von seiner ursprünglichen Höhe eingebüßt hat, fühlt man sich, von der Regnitz zum Domplatz hinansteigend, auch heute noch in die Rolle des Pilgers gedrängt: Das Heiligtum erhebt sich in einem abgegrenzten geistigen Bezirk, einer »Immunität«, wie die mittelalterliche Bezeichnung für die rechtliche und wirtschaftliche Eigenständigkeit dieser Stiftsbereiche lautet. Neben dem Domstift entstanden bald nach der Jahrtausendwende auf den anderen Kuppen dieser fränkischen Sieben-Hügel-Stadt das Benediktinerkloster Sankt Michael, die Chorherrenstifte Sankt Stephan, Sankt Jakob und, jenseits des Flusses, Sankt Gangolph.

Die Pilgerrolle erwies sich dann freilich als unspielbar, als wir an einem ganz gewöhnlichen Juni-Werktag zwischen den Berühmtheiten des Bamberger Reiters und des 1513 vollendeten Kaisergrabes von Tilman Riemenschneider standen. Der Zugang zur großen, den ganzen mächtigen Ostchor des Doms unterhöhlenden Krypta war gesperrt, hochempfindliche Alarmanlagen schnitten die beiden Chöre vom Langhaus ab. Da hatte das moderne Sicherheitsstreben im Bündnis mit der Technik ahnungslos ein Stück Mittelalter wiederhergestellt: Ursprünglich waren die Chöre durch Lettner gegen das Mittelschiff abgegrenzt. Der Dom war nicht für die Bürger da, die Teilnahme des Volks am Gottesdienst beschränkte sich auf die den Platz um die Kirche miteinbeziehende Festtagsliturgie. Sonst aber war das den Domherren vorbehaltene Chorgestühl, in dem sie sich zum täglichen gemeinsamen Psalmgebet zusammenfanden, der eigentliche Kultraum.

Uns, den ausdruckslos Gewordenen, bleiben Eindrücke. Es ist das spannungsvolle Gegenüber von Ost- und Westchor, dem der Kirchenraum seinen Charakter verdankt. Das Geheimnis seiner überwältigenden Wirkung liegt in einer aus Polaritäten erwachsenen, Gegensätze überwölbenden Harmonie. Stilistisch drückt diese geeinte Zwienatur sich in der glücklichen Synthese von romanischen und gotischen Elementen aus, wobei der Gesamteindruck romanisch bleibt. Der Dom war eben nicht, wie etwa in Regensburg, Wahrzeichen eines mächtigen und selbstbewußten reichsunmittelbaren Bürgertums, dessen Stil in Deutschland die Gotik war, sondern architektonisches Bild der geistlich-weltlichen Bischofsmacht.

Das im Kern gotische Inselrathaus zwischen der älteren Stadt, die sich im Schatten des Dombergs, im »Sand«, angesiedelt hatte, und der jüngeren, jenseits der Regnitz sich ausbreitenden »Inselstadt« stammt wie die Obere Pfarrkirche mit ihrem viereckigen Turm und prachtvollen gotischen Chorbau aus den letzten Jahrzehnten des vierzehnten Jahrhunderts, der kurzen Blütezeit eines relativ selbständigen Bürgertums. Durch Mauer und Graben wollte es sich gegen die kirchlichen Immunitäten abgrenzen, und als der Hussiteneinfall von 1430 dieser Forderung Nachdruck verlieh, entlud sich die Spannung zwischen bürgerlichem Freiheitsdrang und bischöflichem Herrschaftsanspruch im sogenannten Muntäterkrieg. Der Krummstab siegte, Bamberg blieb offene, dem Bischof botmäßige Stadt. In der barocken Ummantelung der gotischen Bauwerke gewann zwei Jahrhunderte später diese Entwicklung ihren das heutige Stadtbild prägenden Ausdruck.

»Bamberg ist wesentlich romanisch und barock, den

beiden Gipfelpunkten der geistlich-weltlichen Macht der Fürstbischöfe entsprechend«, schreibt der Direktor der Hamburger Kunsthalle, Alfred Lichtwark, um die Jahrhundertwende. Diese Einsicht hindert ihn nicht, den Domplatz im Mondschein »wirklich wie Lohengrin, nur viel schöner« zu finden. Romanik geht auf in Romantik. Der Langobardenkönig Berengar, der die Burg als Gefangener Kaiser Ottos I. bewohnt, die heilige Elisabeth, die in Bamberg die Gebeine ihres Gemahls empfängt, die erzwungene Huldigung, die Friedrich von Hohenstaufen seinem Rivalen Lothar von Supplinburg auf dem Reichstag zu Bamberg erweist, die Bestimmung seines Neffen Friedrich Barbarossa durch den sterbenden König Konrad III. (der im Dom begraben liegt) zum Nachfolger, vor allem aber der Mord an Philipp von Schwaben durch den wittelsbachischen Pfalzgrafen Otto: Es sind Figuren und Episoden, die sich wie Fresken in Schloß Hohenschwangau von der Hand Schnorrs von Carolsfeld ausnehmen; es ist ›Lohengrin‹. Und auch nach zwei Weltkriegen hat sich das Mondscheinlicht des 19. Jahrhunderts nicht ganz aus der von Bomben verschonten Szenerie vertreiben lassen. Wackenroder und Tieck hatten schon 1793 Bamberger Eindrücke, darunter die berühmte Fronleichnamsprozession und ein Hochamt in dem von bläulichem Ampellicht erleuchteten Dom zu ihrem nazarenischen Mittelalterbild verarbeitet. Unverändert ist das phantastisch schmalbrüstige Haus erhalten, in dem E.T.A. Hoffmann gegenüber dem Theater wohnte, wo er fünf Jahre (von 1808 bis 1813) als kreislerhafter Kapellmeister wirkte und das heute noch in Betrieb ist – wie die ihm benachbarte Wirtschaft ›Theaterrose‹, wo Hoffmann schrieb und komponierte.

Auf dem Spielplan steht die Uraufführung seines berühmtesten Märchens ›Der goldene Topf‹, dessen Reclamausgabe sich deshalb in den Buchhandlungen stapelt. Im Innenhof der an den Dom anschließenden ›Alten Hofhaltung‹ mit ihrem Renaissance-Giebelbau, der, obwohl echt so täuschend nach spätem neunzehnten Jahrhundert aussieht, probt das Ensemble des Bamberger Stadttheaters Calderons ›Großes Welttheater‹. Auch diese barocke Metapher erscheint im gebrochenen Licht einer späteren Optik: Als August Wilhelm Schlegel an seiner Calderon-Übersetzung arbeitete, kam er wiederholt nach Bamberg; in der kurzen Blütezeit des 1797 gegründeten Theaters, zwischen 1810 und 1812, wurden mehrere Calderon-Stücke zum ersten Mal auf einer deutschen Bühne inszeniert.

Damals hatte die Stadt ihre achthundertjährige Fürstbistums-Souveränität an ein von Napoleons Gnaden herrschendes Bayern verloren; im monumentalen Dientzenhofer-Bau der Neuen Residenz betrieb der seines Territoriums durch einen französischen General beraubte Herzog Wilhelm von Bayern einen grotesk anachronistischen Hofstaat. Es muß zugegangen sein wie bei König Peter in Büchners ›Leonce und Lena‹ – oder eben bei Hoffmanns Fürst Irenäus von Sieghartsweiler, der nach den ›Lebensansichten des Katers Murr‹ sein Ländchen »auf einem Spaziergange über die Grenze aus der Tasche verloren« hat. Ein halbes Jahrhundert später, 1862, bezog der abgedankte König Otto von Griechenland die wieder einmal leerstehende Residenz. Hier starb er nach fünf Jahren – kurz vor seinem ebenfalls längst im Ruhestand lebenden Vater Ludwig I. Im »Ankleidezimmer« des Ex-Königs sieht man die beiden lebensgroßen Gemälde des Herrscherpaars; Otto steht in griechischer Nationaltracht auf den Zinnen der Akropolis. Das hellenische Abenteuer Bayerns, ohnehin ein Schattenspiel, endet in Bamberg als Marionettentheater.

Noch einmal überqueren wir, von der Neuen Residenz

Kulisse für romantische Szenarien: der romanische Dom zu Bamberg

kommend, den immer wieder überraschend, fast erschrekkend weiten Domplatz, gegen dessen Leere die Touristengruppen, größtenteils Schulklassen, nichts auszurichten vermögen. Er scheint für eine andere Sorte von Menschen, als wir es sind, gemacht zu sein. Mit der Stadt drunten, wo den Häusern, wie Reinhold Schneider schreibt, »oft kaum noch der Bruchteil eines Brückenpfeilers bleibt«, verbindet ihn nichts. Zwei Welten grenzen unvermittelt aneinander: Macht und Behaglichkeit, Symbolik und Realität, Geschichte und Alltag. Nur Zeiten totaler Herrschaft haben sie zusammengezwungen: der Hexenwahn, der hier unter dem Bischof Johann Fuchs zu Dornheim (1623 bis 1633) seine grausigsten Blüten trieb, der Absolutismus der Schönbornzeit und der ihm entspringende, die ganze Stadt erfassende Geist der Aufklärung, die Nazi-Aufmärsche auf dem Platz im Zeichen des Domreiters, der die Plakate schmückte.

Der Dom kehrt uns sein Hauptportal, das Fürstentor, zu, dessen Trichter mit den auf den Schultern der Propheten stehenden Aposteln die nötige Tiefe dadurch gewann, daß man die Mauer durch einen eigenen Vorbau verstärkte. Im Tympanon die Darstellung des Weltgerichts, das keinen Unterschied mehr macht zwischen Herrschern und Untertanen. Auf der Seite der Verdammten, deren Gesichter vom Schmerz wie zu einem irren Gelächter verzerrt sind, umbündelt die Höllenkette König, Geizhals, Bischof und Papst. Im großen Welttheater war jedem seine Rolle zugewiesen.

Wir suchen noch einmal den Reiter auf. Er strahlt im Scheinwerferlicht eines Fernsehteams, ist ganz und gar Objekt von Kamera-Augen geworden. Über die günstige Gelegenheit entzückte Besucher zücken ihre Apparate. Ein regierendes Haupt stellt sich gelassen den Photographen.

Heinrich oder Philipp oder Stephan – kein noch so grelles Licht würde ihm das Geheimnis seines Inkognitos entreißen. Die Historie von 750 Jahren zerfällt vor seinem Blick in Trümmer, die kein geistiges Band mehr zusammenhält. Seitdem Hegel in Bamberg die letzten Korrekturen an seiner ›Phänomenologie des Geistes‹ anbrachte, sind 190 Jahre vergangen. Der Mensch, so der Philosoph Robert Spaemann, ist dabei, sich selbst zum Anthropomorphismus zu werden. Die anthropologischen Daten der Evolutionsbiologie und die parallel zu deren Fortschritten zunehmende Entmündigung des einzelnen durch übermächtige Strukturen lassen sich mit dem Selbstverständnis des Menschen und den Gestalten, die es im Gang seiner Geschichte angenommen hat, immer weniger vermitteln. Erkennt er sich noch in einem seiner kühnsten Bilder?

Gelöschte Spuren – Prag und seine deutschsprachige Literatur

Es war sehr früh am Morgen, die Straßen rein und leer, ich ging zum Bahnhof. Als ich eine Turmuhr mit meiner Uhr verglich, sah ich, daß es schon viel später war, als ich geglaubt hatte, ich mußte mich sehr beeilen, der Schrekken über diese Entdeckung ließ mich im Weg unsicher werden, ich kannte mich in dieser Stadt noch nicht sehr gut aus...« Kafkas späte Skizze ›Gibs auf‹, erst aus dem Nachlaß veröffentlicht, wurde zum Vademecum. Prag ist ein Irrgarten. »Gibs auf«, sagte die Stimme der Stadt zu dem Besucher, eine vierfach gebrochene Stimme. Die Polyphonie von Burgstadt, Altstadt, Neustadt, Judenstadt ließ sich nicht überhören. Aber die Lektion war eindeutig. Der Besucher sollte begreifen, daß er fehl am Platz war, weil er sich verspätet hatte.

›Gibs auf‹ entstand im November/Dezember 1922, anderthalb Jahre vor dem grausamen Ende des knapp 41jährigen. Im glorreichen literarischen Jahr 1922 waren die ›Duineser Elegien‹ fertig geworden; zum Überschwang ihres rühmenden, sieghaften Tons markiert das atemlose Stakkato der Kafka-Anekdote die extreme Gegenposition. Die antipodische Formel zu »Gibs auf« steht in der siebten Elegie: »Hiersein ist herrlich.«

Mit dem Hier ist freilich nicht Rilkes Geburtsstadt Prag gemeint. »Die Stadt, in der ich aufwuchs«, schrieb er 1921, »bot keinen rechten Boden dafür«, ein »brauchbares Heimatbewußtsein entwickeln zu können.« Er verließ sie im Jahr des Erscheinens seines Gedichtbands ›Larenopfer‹ (1896); nur noch als Fremder kehrte er wieder. In der

Selbstanzeige seiner ›Zwei Prager Geschichten‹ blickte er auf die verlassene Heimat zurück: »Prag, diese Stadt voll finsterer Gassen und geheimnisvoller Höfe, ist der Schauplatz. Träumerisch und traurig sind die selten handelnden Menschen. Slavische Sehnsucht ist in ihren Stimmen und sie leben von der frühen Frömmigkeit ihrer unverbrauchten Gefühle.«

Rilkes Geburtshaus in der Heinrichsgasse sucht man vergeblich. Kafkas Geburtshaus ›Zum Turm‹ hinter der Nikolauskirche am Rand des ehemaligen Ghettos ist bei der Assanierung des Judenviertels, mit der vor der Jahrhundertwende begonnen wurde, mehrfach umgebaut worden. Aber hier verweist eine Bildnisbüste aus schwarzer Bronze auf den besonderen Ort. Sie wurde 1965 aufgestellt, Zeichen der Bekehrung des kommunistischen Regimes zu dem früher ungeliebten bürgerlich-dekadenten Dichter.

Ein Jahr zuvor wurde in Prag eine Kafka-Ausstellung gezeigt, zu deren Eröffnung der 80jährige Max Brod aus Tel Aviv anreiste und eine Rede hielt – natürlich in tschechischer Sprache. »Als wahrer Sohn Prags«, sagte der engste Freund des Dichters, »wurzelte Kafka stark im Prager Boden. Seine dichterische Seele war vom Zauber des alten Prag und der Mannigfaltigkeit seiner Einwohner bestrickt.« Den Veranstaltern müssen die glatten Worte gut in den Ohren geklungen haben. Ernst Weiß, ebenfalls mit Kafka befreundet, schrieb 1937 an Brod: »Ich habe niemals aufgehört, ihn Prag abspenstig zu machen. Sie haben ihn ... dortbehalten. Die Tagebücher haben mir gezeigt, daß er in tragischer Weise Prag verhaftet war. Sie mußten also siegen, und er mußte an Prag zugrunde gehen.« ›Gibs auf‹ scheint Weiß recht zu geben.

Vom Haus ›Zum Turm‹ ist das Haus, in dem Kafka seine Kindheit verbrachte, nur zweihundert Meter entfernt. Ich war überrascht, fast enttäuscht: Diese Kindheit, die ich mir äußerlich gedrückt und eher finster vorgestellt hatte, spielte sich in einem glänzenden Rahmen ab. Der mit Sgraffiti reich geschmückte Renaissancebau gehört zum Komplex des Altstädter Rathauses, eine vornehmere bürgerliche Adresse läßt sich nicht denken.

Von hier ging der Junge in die deutsche Grundschule in der Fleischmarktgasse, dann in das deutsche Gymnasium im Kinsky-Palais am Altstädter Ring. In unmittelbarer Nähe liegt das Haus ›Zu den Heiligen Drei Königen‹ (jedes ältere Haus in Prag hat seinen Namen). Hier, in der Zeltnergasse 3, lebte die Familie am längsten. Durch ein Fenster dieser Wohnung schaute der zwölfjährige Kafka in das Innere der Teynkirche auf den Sarkophag des zwölfjährigen Judenjungen Simon Abeles, der sich 1693 taufen ließ und dafür von seinem Vater zu Tode gequält wurde. Das meldet noch heute eine Gedenktafel im nördlichen Seitenschiff der Kirche. Väter stellen sich ihren Söhnen in den Lebensweg, nötigen ihnen ihren Willen auf, zwingen sie zum Aufgeben. Die Uhr des Sohnes zeigt die falsche Zeit, die Turmuhr, zu der man hoch hinaufschauen muß, hat recht. Der »Schrekken über diese Entdeckung ließ mich im Weg unsicher werden«.

Viele von Kafkas Mitschülern verließen nach dem Abitur die Stadt, er selbst blieb. Das »Mütterchen mit Krallen« ließ ihn nicht los. »Ist es nicht das Selbstverständliche«, schrieb er zwei Jahrzehnte später an Milena, »daß man von dort weggeht, wo man so gehaßt wird? Das Heldentum, das darin besteht, doch zu bleiben, ist jenes der Schaben, die auch nicht aus dem Badezimmer auszurotten sind.« Im ebenfalls im Bannkreis des Altstädter Rings gelegenen Carolinum studierte er, weil der Vater es so wollte, Jura: eine Fehlentscheidung, die niemals gutzumachen war. Sie führte 1908 in den heute noch bestehenden Gründerzeittempel der ›Arbeiter-Unfall-Versicherung‹ am Ende des Grabens. Von der Niklasstraße, wohin die Familie im Jahr zuvor umgezogen war, erreichte er das Büro durch das Labyrinth der Josefsstadt. Niklasstraße 36: Wer von den Gästen des Hotels Intercontinental denkt daran, daß sie genau da wohnen, wo Kafka das ›Urteil‹ und die ›Verwandlung‹ schrieb?

Er war 31, als er das Elternhaus mit einer eigenen Wohnung vertauschte. ›Kafkas Wohnungen‹ könnte ein Buch heißen, das eine Reise durch das Innere Prags beschriebe. Möglicherweise würde der Verfasser zwar in seinen Gegenstand eindringen, aber nie wieder zurückkehren. »Kafka war Prag und Prag war Kafka«, schreibt Johannes Urzidil in seiner Erinnerung an den 11. Juni 1924, den Tag, an dem der Dichter auf dem jüdischen Friedhof von Strasniče begraben wurde. Die Formel bezeichnet mehr als Identität im mathematischen Sinn. Sie besagt, daß Kafka nur von Prag her zu verstehen sei, wie umgekehrt kein Weg an Kafka vorbei in das Geheimnis der Stadt führe. Für einen, der von außen kommt, ist dieser Zirkel nicht aufzubrechen, er sieht sich abgewiesen – wie der Mann vom Lande, dem der Türhüter den Eintritt in das Gesetz verwehrt. Urzidil informiert darüber, daß es diese Türhüter wirklich gegeben hat. Es waren die schwerbemantelten und zweispitzgekrönten Portiers, die mit ihren goldbeknauften Stäben die Tore der Prager Adelspaläste bewachten.

Sie sind ja auch heute noch, ohne die Hüter, fast alle unbetretbar, uneinnehmbar. Das winzige Haus Nr. 22 im Goldmachergäßchen, das nur einen einzigen Raum beherbergt, steht dagegen jedem offen. Ein Andenkenladen ist darin untergebracht, in dem man Kafka-Souvenirs erwerben kann. Aber nur ein flüchtiger Rundblick ist möglich, ein Stoßgebet aus gepreßter Brust: Zu groß ist das Gedränge.

Kafka hat sich hier nur kurz aufgehalten und nur bei Tag. Im November 1916 bezog er das von seiner Schwester Ottla gemietete, aber leerstehende Häuschen. Dort suchte er Ruhe zum Schreiben. Zum Schlafen ging er in das Schönbornpalais in der Marktgasse auf der Kleinseite, wo er im zweiten Stock zwei Zimmer gefunden hatte. Von hier aus konnte er auf dem Laurenziberg seine Chinesische Mauer sehen. Ihr wirklicher Name ›Hungermauer‹ klingt noch mehr nach Kafka. Sie heißt so, weil ihr Bau im 14. Jahrhundert eine Arbeitsbeschaffungsmaßnahme war.

Im Goldmachergäßchen hatten die von Rudolf II. nach Prag geholten Alchemisten ihre Laboratorien. Der Stein der Weisen, den der Kaiser vergeblich gesucht hatte, verwandelte sich hier in die »kaiserliche Botschaft«, die Botschaft eines Toten, die wegen der Unendlichkeit der zu durchmessenden Treppen und Höfe niemals den Untertanen erreichen wird. Diese Paläste, Treppen und Höfe präsentieren sich der unmittelbaren Anschauung des Hradschin-Besuchers – Bilder, die Kafka im Kopf hatte, als er hier an den Erzählungen des Buches ›Ein Landarzt‹ schrieb, zu denen die ›Kaiserliche Botschaft‹ gehört.

Wie wenig liegt an solchen Identifizierungen. Und doch bin ich ihnen auf der Spur. Denn man wird, ist man einmal an Ort und Stelle, zum puren Literatur-Positivisten. Am liebsten würde ich allen Windungen des fremden, vergangenen Lebens nachgehen, das zerbrochene Mosaik aus tausend Splittern noch einmal zusammensetzen. Aber auch hier gilt das Zuspät. Zu viele andere waren schon da. So begnüge ich mich mit der Lektüre der ›Briefe an Felice‹. Da heißt es über Ottlas Haus: »Und das Leben dort: es ist etwas

Zu Kafkas Zeit war Prag keine Fremdenstadt, es zeigte eine »über Gebühr verdüsterte Miene« (Paul Leppin)

Besonderes, sein Haus zu haben, hinter der Welt die Tür nicht des Zimmers, nicht der Wohnung, sondern gleich des Hauses abzusperren; aus der Wohnungstür geradezu in den Schnee der stillen Gasse zu treten.«

Zwei Jahre lang hatte er so gut wie nichts geschrieben, jetzt erlebte er eine literarisch produktive Zeit. Noch einmal Hoffnung; im Juli 1917 verlobte er sich zum zweiten Mal mit Felice. Der Brief, in dem er ihr seine »Wohnungsgeschichte« erzählt (»Ein gewaltiges Thema«) steht allerdings auf den letzten Seiten des mächtigen Bandes. Das Schönbornpalais wird zum Ort der definitiv katastrophalen Lebenswende: Am Morgen des 13. August erleidet er den ersten Blutsturz, der den Ausbruch der tödlichen Krankheit markiert. Kafkas Frist auf dem Hradschin und der Kleinseite ist abgelaufen. Er gibt beide Wohnungen auf und kehrt wieder auf das rechte Moldauufer zurück: an den Altstädter Ring in das Haus der Eltern. Im Dezember kommt es zur endgültigen Trennung von Felice, die seit fünf Jahren geführte Korrespondenz bricht ab.

Die leidlich gute Zeit im Goldmachergäßchen war nur ein Intermezzo. Trotzdem erinnert eine Inschrift an den prominenten Bewohner. Kafka ist zur touristischen Attraktion geworden, die sich mit dem Sehenswürdigkeits-Status der Gasse zu einem verhängnisvollen Superlativ potenziert. Im Mittelalter reisten die Menschen nach Rom, um einen vollkommenen Ablaß ihrer Sünden zu erlangen. Man durfte freilich keine einzige der vorgeschriebenen Kirchen mit ihren Reliquien auslassen. Die aufgeklärten Massen, die seit der Öffnung der Grenze die Stadt heimsuchen, scheinen noch immer so etwas wie einen vollkommenen Ablaß zu erwarten. Das Alchemistengäßchen mit dem Kafkahäuschen gehört zu den Stätten, wo man gewesen sein muß, wenn die Pilgerreise nicht ungültig sein soll.

So wird der Aufenthalt dort zum kafkaesken Alptraum. Alles wirkt wie ausgehöhlt von Neugier und Zudringlichkeit; die Fassaden scheinen zu Masken erstarrt. Zu Kafkas Zeit war Prag keine Fremdenstadt, die internationale Reiseroute ließ die sehr grau gewordene Goldene Stadt links liegen. Sie zeigte eine »über Gebühr verdüsterte Miene«, wie Paul Leppin schreibt, dessen Romanheld Severin ja auch seinen Weg in die Finsternis geht. »Das Zwielicht dunkelte immer stärker, als Severin durch die Turmeinfahrt der Kleinseite zum Radetzkydenkmal einbog ... Severin kletterte durch die Spornergasse zum Hradschin hinauf. Die Stadt, die er kannte, war anders. Ihre Straßen führten in die Irre, und das Unheil lauerte auf den Schwellen.«

Das war nicht nur Literatur. Der mit Leppin befreundete, in Wien geborene Gustav Meyrink verließ Prag, lange bevor er seinen ›Golem‹ schrieb, und empfand kein Heimweh nach den »Kerkermauern« und dem »unheimlichen, dämonischen Zauber« der Stadt, in der er erfolglos ein Bankhaus am Graben geleitet hatte. Leppin, zu einer noch quälenderen bürgerlichen Existenz als Beamter bei der Post- und Telegraphendirektion verurteilt, liebte freilich die »rattenfängerische Schönheit« seiner Heimatstadt über alles, sein ganzes Werk ist von diesem »Antlitz der Mutter« erfüllt. In rhapsodischen Strophen beschwor der »König von Böhmen« (wie Else Lasker-Schüler ihn nannte, wobei in Böhmen Bohème mitklingen sollte) noch wenige Jahre vor der Besetzung Prags durch die Nazis den hellen Himmel der Jahrhundertwende, der sich mit dem Ausbruch des Ersten Weltkriegs für immer verfinstert hatte. »Frühling um neunzehnhundert, sei uns noch einmal geschenkt! / Wir sind so arm und von trüben Nachtgespenstern bedrängt. / Wir brauchen das Licht des Lebens, das erlöserisch rinnt, / Weil wir Gestürzte, Verfemte am Saume der Finsternis sind.«

An Leppin erinnert in Prag nichts mehr. Was die Inschrift an der Wand des Kafkahäuschens wiegt, kann man erst ermessen, wenn man die vergebliche Suche nach Spuren der deutschsprachigen Literatur in dieser Stadt hinter sich hat. Im Stadtbild von Prag hat sich neben Kafka nur ein einziger deutschsprachiger Schriftsteller mit einer Gedenktafel behaupten können: Egon Erwin Kisch. In der von Touristen chronisch verstopften Melanchtrichgasse steht sein Geburtshaus ›Zu den zwei goldenen Bären‹.

Hat man des »rasenden Reporters« ›Marktplatz der Sensationen‹ in der Tasche, kann man an Ort und Stelle lesen, was Kisch, der nach dem Krieg aus dem Exil in Mexiko in seine Heimatstadt zurückkehrte, schrieb: »Noch heute steht dieses Haus, es steht sogar unter Denkmalschutz, aber die Firmentafel lautete ›S. Kisch & Bruder, Tuch-Handlung‹. Eine tschechische Übersetzung stand nicht dabei ... Dort bin ich 1885 geboren, und diese Tatsache glaubten die ›Reiseführer für Prag und Umgebung‹ den kunsthistorischen Angaben über das Haus anfügen zu müssen. In der nazifizierten Ausgabe von 1934 fiel diese Mitteilung weg, und so wäre in einem künftigen Baedeker das Bärenhaus in der Melanchtrichova statt mit einem Sternchen mit zweien zu erleuchten, dieweil es einmal ein Geburtshaus war und dann aufhörte, eines zu sein.«

Was Kisch nicht wußte oder nicht wissen wollte: Die Vertreibung der deutschsprachigen Prager Autoren hatte mit der Befreiung der Stadt von den Nazis kein Ende gefunden – und nicht nur Geburtshäuser wurden ihnen abgesprochen. Der Romancier und Publizist Ernst Sommer, wie Ludwig Winder und Rudolf Fuchs 1938 nach London emigriert, bemühte sich nach dem Krieg ebenso verzweifelt wie vergeblich um die Repatriierung. Dabei hatte er mit seinen Freunden in den Jahren des Exils alles getan, um die deutsch-böhmische Literatur am Leben zu erhalten und jede Verwechslung mit dem Deutschtum der Sudetendeutschen des Konrad Henlein auszuschließen.

Der Exodus hatte freilich schon lange vor 1938 begonnen, viele waren im Exil gestorben. Für den in Tel Aviv lebenden Max Brod ging, wie er schrieb, die Sonne Prags im Mittelländischen Meer unter. Energisch wendet sich Brod gegen die Theorie von den Ghettomauern, die den ›Prager Kreis‹, die Generation der zwischen 1880 und 1890 geborenen deutschsprachigen Autoren, gegen die Tschechen (um die Jahrhundertwende standen 42000 Deutsche 415000 Tschechen gegenüber) isoliert hätten. Beziehungsloses, gar feindliches Nebeneinander oder »Durcheinanderglühen des alchemistischen Prager Schmelztiegels« (Johannes Urzidil)? Die literarischen Erinnerungen bezeugen das eine wie das andere. »Ich bin Deutsch-Böhme genug«, schreibt Fritz Mauthner in seinen 1918 erschienenen ›Prager Jugendjahren‹, »um nur mit Zorn den Gedanken fassen zu können, daß Prag bereits heute eine slawische Stadt geworden ist, in der die Deutschen als gehaßte Fremde leben, ... daß ganz Böhmen in absehbarer Zeit der Herrschaft der Tschechen anheimfallen wird. Wenn nicht ein Wunder geschieht. Wenn nicht die Nationalitätsidee von der internationalen Idee des Sozialismus überwunden wird.«

Es ist die ressentimentgeladene Sprache eines reaktionären Nationalismus, die sich mit dem sozialistischen Fortschrittsgedanken zu einer explosiven Mischung verbindet. Trotzdem sind Mauthners Erinnerungen an seine Schulzeit im Piaristen- und im Kleinseitner Gymnasium auch heute noch lesenswert – weil er das Zusammenleben von Tschechen, Deutschen und Juden als Sprachproblem begriff, das ihm die Sprache überhaupt zum Problem machte.

Wahrscheinlich haben sie beide recht: die Barrieren- und

die Symbiose-Verfechter. Das Verhältnis von Deutschen und Tschechen muß auf dem Hintergrund des Generationenwandels gesehen werden. Der Konfliktstoff verlagerte sich aus der Horizontalen in die Vertikale. Kein Dichter hat der Entzweiung von Vater und Sohn stärkeren Ausdruck gegeben als der junge Franz Werfel: »Und in seinem schwarzen Mantelschwunge / Trägt der Alte wie der Junge / Eisen hassenswert. / Die sie reden, Worte, sind von kalter / Feindschaft der geschiedenen Lebensalter, / Fahl und aufgezehrt.«

Werfel war wie Willy Haas, Paul Kornfeld und der einige Jahre ältere Max Brod Schüler des renommierten Stefansgymnasiums; als Sohn eines wohlhabenden Handschuh-Fabrikanten wohnte er in der vornehmen Mariengasse am Stadtpark (›Die Gärten der Stadt Prag‹ war denn auch der Titel des Gedichts, mit dem sich der 19jährige zum ersten Mal gedruckt sah).

Das Zusammengehörigkeitsgefühl der Werfel-Generation überwand die Grenzen zwischen Juden, Deutschen und Tschechen. So konnte Werfel von Böhmens »dreifacher Seele« sprechen; Max Brod propagierte Haseks ›Schweijk‹ und übersetzte fast alle Opern Janáčeks ins Deutsche. Deutschsprachige Prager Dichter betätigten sich als Vermittler tschechischer Autoren. Unter ihnen war der mit Werfel gleichaltrige Karel Čapek, dessen Roman ›R.U.R.‹ (›Rossum's Universal Robots‹) in der Übersetzung von Otto Pick nicht nur seinen Verfasser berühmt machte, sondern auch den Begriff des Roboters für den Maschinenmenschen prägte (das tschechische Wort robota heißt Frondienst).

Čapeks Komödie ›Die Sache Makropulos‹ wurde zur Textgrundlage für Janáčeks gleichnamige Oper. Der fiktive Hieronymus Makropulos ist als Hofalchemist und Leibarzt

Rudolfs II. beauftragt, für den Kaiser ein Lebenselixier herzustellen. Auch der Roboter-Roman knüpft an die große Geister-Stunde der Prager Geschichte an; auf Rudolfs Zeitgenossen, den Hohen Rabbi Löw (1517-1609), dessen Grab auf dem alten Judenfriedhof seine Anziehungskraft als Wallfahrtsstätte bis heute nicht verloren hat, geht die Erschaffung des künstlichen Menschen, des Golem, zurück. In seinem Roman ›Nachts unter der Steinernen Brücke‹ hat Leo Perutz den Kaiser und den Rabbi zusammengeführt. Zwischen Burg und Judenstadt entspinnt sich eine Fülle von Geschichten, die die Utopie von der Versöhnung der ungleichen Welten in die Historie zurückträumen.

In den relativ goldenen Jahren der Masaryk-Republik war Čapeks Villa der Treffpunkt der »Freitagsmänner«, eines Kreises von Dichtern und Philosophen, zu denen sich auch der Staatspräsident zählte. »Alles schien damals neu zu beginnen«, schreibt Max Brod in seinen späten Erinnerungen an den ›Prager Kreis‹. Nach 1933 wurde Prag neben Paris zum wichtigsten Exilzentrum für die Verfolgten des Naziregimes. Der gemeinsame Feind ließ die nationalen Unterschiede vergessen, nie zuvor hatten tschechische und deutsche Schriftsteller so selbstverständlich zusammengearbeitet. Dann kam 1938. Als »die Weltdemokratie ihren abscheulichen Verrat an dem Lande Masaryks und Beneschs beginnt« (Thomas Mann), starb Čapek an gebrochenem Herzen.

Von all dem, was seit Jahrhunderten an deutscher Dichtung auf diesem für ein paar Jahrzehnte unfaßlich fruchtbaren Boden wucherte und blühte, weiß die heutige Topographie nichts mehr, sie hat die Namen, die Verse, Novellen, Romane, Dramen, die Feuilletons und Abhandlungen, die in den ersten vierzig Jahren des Jahrhunderts auf ihrem Terrain geschrieben wurden, aus dem Gedächtnis verloren.

›Böhmische Dörfer‹ nennt Jürgen Serke, der unermüdliche Wanderer durch verlassene literarische Landschaften, sein großes Werk über die deutsche Literatur der Tschechoslowakei. Hier findet man sie alle versammelt, die zum größten Teil Opfer der Nazis wurden, wenn nicht physisch, so mit ihrem Werk. Vertrieben wurden sie, weil die meisten Juden waren; die Heimkehr nach 1945 war ihnen verwehrt, weil sie Autoren deutscher Sprache waren. So gründlich wurden sie ausgelöscht, daß sich mit sehr vielen Namen keine Vorstellung mehr verbindet. Die Bücher von Louis Fürnberg, Rudolf Fuchs, Hermann Grab, Victor Hadwinger, Josef Paul Hodin, Camill Hoffmann, Franz und Hans Janowitz, Georg Mannheimer, Hans Natonek, Otto Pick, Walter Seidl, Ernst Sommer, Richard Weiner, Oskar Wiener sind mit dem Prag der Vorkriegszeit untergegangen.

Andere überlebten nur, weil sie sich beizeiten in die Literaturgeschichte eingeschrieben und/oder Prag schon bald den Rücken gekehrt hatten: Werfel, Willy Haas, Paul Kornfeld, Paul Leppin, Hermann Ungar, Leo Perutz, Josef Mühlberger. Und eine dritte Gruppe zehrt vom Ruhm Kafkas, zu dessen engerem Freundeskreis sie gehörte: Max Brod, Johannes Urzidil, der blinde Oskar Baum, Ludwig Winder. Für sie war freilich die tschechisch-deutsch-österreichisch-jüdische Synthese, die das Wesen der Stadt ausgemacht hatte, schon mit dem Tod ihres Dichters zerbrochen. Eine Tagebuchaufzeichnung Max Brods aus seinem Todesjahr (1968) lautet: »Prag, eines unserer letzten Gespräche. Kafkas Lächeln dabei, verzweifelt.«

Traum und Wachen, Wahrheit und Lüge – Wien und der Mythos der Jahrhundertwende

Die Couch steht in London, und über die originale Einrichtung des legendären Behandlungszimmers muß man sich durch einen Foto-Fries informieren. Unmittelbar vor der Emigration des 82jährigen im Juni 1938 hatte der Wiener Fotograf Edmund Engelman von Freuds Tochter Anna den Auftrag erhalten, Wohn- und Arbeitsräume im Mitteltrakt des viktorianischen Hauses Berggasse 19 im IX. Wiener Bezirk detailliert aufzunehmen: den Ort, an dem Freud 47 Jahre gelebt, therapiert, geschrieben hatte.

An dem mit unzähligen antiken Statuetten beladenen Schreibtisch war auch noch die Vorbemerkung zum dritten Stück der Moses-Studie entstanden, die den Verzicht auf Publikation begründete: »Wir leben hier in einem katholischen Land ...« Freud fürchtete, den Schutz der Kirche gegen die Bedrohung durch den Nationalsozialismus zu verlieren, wenn er eine Arbeit veröffentlichte, die die Religion auf eine Menschheitsneurose reduzierte.

Nur zu bald erwies sich der katholische Schutzmantel Wiens als widerstandslos gegen den braunen Wind, und die Psychoanalyse sah sich zusammen mit ihrem Begründer aus der Stadt vertrieben, in der sie geboren und herangewachsen war. Zur Deportation bestimmte Juden, die SS, Russen, Vertriebene und Wiener Familien waren nacheinander in den Räumen untergebracht, wo die »Mittwochsgespräche« stattgefunden hatten, der »Wolfsmann« behandelt, das ›Unbehagen in der Kultur‹ verfaßt worden war. Jetzt steht man wieder, als sei nichts geschehen, vor dem Türschild mit der

Aufschrift »Prof. Dr. Freud. 3.-4.«; Anna Freud hat es der Sigmund-Freud-Gesellschaft zur Eröffnung des 1971 hier installierten Museums geschenkt. Auch Hut und Spazierstock sind echt und einige Möbel aus dem Wartezimmer.

Als Freud wenige Wochen nach dem ›Anschluß‹ verjagt wurde, waren 43 Jahre vergangen, seitdem er aus dem Kurhotel Belle Vue am Rand des Wienerwalds an seinen Freund Wilhelm Fließ geschrieben hatte: »Glaubst du eigentlich, daß an dem Hause dereinst auf einer Marmortafel zu lesen sein wird?: ›Hier enthüllte sich am 24. Juli 1895 dem Dr. Sigmund Freud das Geheimnis des Traumes.‹ Die Aussichten sind bis jetzt hiefür gering.« Das Hotel ist spurlos verschwunden, aber seit 1977 steht auf der Höhe eine Marmorstele mit dem Zitat als Inschrift.

Hier wurde ein Traum Wirklichkeit – eine Wirklichkeit freilich, die von Gnaden des Traums existiert und auf ihn verweist: jenen berühmten Schlüsseltraum von »Irmas Injektion«, der zur Keimzelle der pünktlich zur Jahrhundertwende erschienenen ›Traumdeutung‹ wurde. Ihre Wahrheit war dauerhafter als die Wirklichkeit der Tatsachen, aus deren Boden sie stieg. Vom Kurhotel ist ein Bild geblieben, und wer über ein hinreichendes Maß an Einbildungskraft verfügt, mag sich, auf der Höhe stehend, den Baukörper mit den ihn bewohnenden Sommerfrischlern imaginieren. Das Außen, so besagte, auf ihre kürzeste Formel gebracht, die neue Lehre, ist die Projektion des Innen. Wir erfinden die Wirklichkeit. Ein erinnertes Belle Vue wäre mit Figuren des Dichters der Epoche bevölkert.

Arthur Schnitzlers 1911 zugleich in Wien und Berlin uraufgeführte Tragikomödie ›Das weite Land‹ meinte mit ihrer Titel-Metapher die Seele, die dem Zugriff logischen Verstehenwollens sich entzog, weil der Satz vom Widerspruch für sie außer Kraft gesetzt war. »So vieles hat zugleich Raum in uns –! Liebe und Trug ... Treue und Treulosigkeit ... Wir versuchen wohl Ordnung in uns zu schaffen, so gut es geht, aber diese Ordnung ist doch nur etwas Künstliches. Das Natürliche ist das Chaos.« Als Chaos präsentierte Gustav Klimt das Universum: eine von Sternenstaub umwallte Sphinxmaske, die keinen Blick für die an ihr vorübertreibenden, sich hilflos umschlingenden Menschenleiber hat. Das Weltall war blind und taub für ihre, für unsere Leiden. Das für den Festsaal der neuen Universität zur Jahrhundertwende geschaffene Gemälde sollte die Philosophie darstellen, deren Wissen sich einer Welt ausgesetzt sieht, die Nietzsche als »ein Meer in sich selber stürmender und flutender Kräfte, ewig sich wandelnd, ewig zurücklaufend, mit ungeheuren Jahren der Wiederkehr« beschrieben hatte.

So hatten es die Planer nicht gemeint, und die Professoren wehrten sich. In der Philosophischen Fakultät herrschte derselbe Fortschrittsglaube wie in den Naturwissenschaften. Die Neo-Renaissance der von Heinrich Ferstel erbauten Universität am Ring ist sein getreuer architektonischer Ausdruck. Friedrich Jodl, Verfasser einer Geschichte der Ethik, die auf das Programm einer von allen metaphysischen Nebeln gereinigten Vernunftreligion hinauslief, setzte sich an die Spitze der Opposition gegen Klimts »nebulose« und »phantastische« Auffassung der Philosophie. Noch einmal siegte die Wirklichkeit über den Traum, setzte sich der Geltungsanspruch einer auf exakter Erfahrungswissenschaft begründeten Rationalität gegen die aus verschütteten Seelentiefen aufsteigenden Visionen der Künstler durch.

Eine über der Strudlhofstiege gelegene Gasse erinnert an den Physiker Ludwig Boltzmann, der 1844 in Wien geboren wurde und zwischen 1894 und 1906 an der Universität seiner Heimatstadt lehrte. Er hielt 1905 vor der Wiener philosophischen Gesellschaft einen Vortrag nicht über, sondern gegen Schopenhauer. Sein Name, seine Lehre standen exemplarisch für die ganze Geschichte der Metaphysik, die Boltzmann als »geistige Migräne« bezeichnete, von der die Menschheit endlich geheilt werden müsse. »Es würde dann diese Beunruhigung, dieses peinliche Gefühl aufhören, daß es ein Rätsel ist, daß wir vorhanden sind.« Eineinhalb Jahre später beging Boltzmann Selbstmord. Er hatte noch die Vertretung des wegen Krankheit ausgeschiedenen Ernst Mach übernommen, der das Ich als »nutzlose Hypothese« erklärt hatte – vom Standpunkt eines physikalischen Realismus aus, der nur Eindrücke und Empfindungen als gegeben gelten ließ.

Mit dem Diktum vom »unrettbaren Ich« lieferte Mach jedoch, ohne es zu wollen, der Gegenpartei, den Wirklichkeitsskeptikern und Traumverkündern, das entscheidende Stichwort. Schopenhauer bekam auf einmal wieder recht: Das Ich war eine bloße Einbildung, die sogenannte Wirklichkeit nichts als Vorstellung, also Illusion. Im barocken Wien, wo die Idee des Welttheaters, der Vertauschbarkeit von Schein und Sein eine ungebrochene Tradition aufwies, fand Machs Auflösung des Ichs in einen lockeren und flüchtigen Verband von Empfindungen vieltönende Resonanz. Hermann Bahr, der umtriebige Wortführer von ›Jung-Wien‹, beeilte sich denn auch, die Formel vom »unrettbaren Ich« zum Titel eines programmatischen Aufsatzes zu machen. »Hier habe ich ausgesprochen gefunden, was mich die ganzen drei Jahre her quält ... Es gibt nichts als Verbindungen von Farben, Tönen, Wärmen, Drücken, Räumen, Zeiten und an diese Verknüpfungen sind Stimmungen, Gefühle und Willen gebunden.«

Ein Nachklang dieser wienspezifischen Entgrenzung des Individuums findet sich in dem verblüffend einfachen Gedankenexperiment des Wiener Physikers und Nobelpreisträgers Erwin Schrödinger (1887–1960). Man stelle sich das eigene Ich in einer Hochalpenlandschaft auf einer Bank am Wege sitzend vor. Auf der gegenüberliegenden Seite hockt noch so einer. Auch in ihm denkt und fühlt »es«. Die landläufige Rede lautet nun, dort drüben sei ein Ich, dem eigenen gleich, ein zweites. Schrödinger schlägt vor, den unbestimmten Artikel einfach wegzulassen. Dann heißt es: Auch dort ist Ich, bin Ich. Das Trennende zwischen mir und dem andern ist verschwunden.

Zu Ernst Machs Füßen saß auch der junge Hugo von Hofmannsthal. Es war die Zeit, als Ernst Haeckel in »gemeinverständlichen Studien« den Anstoß zur endgültigen Lösung der ›Welträtsel‹ gab. Machs hingerissene Hörer hätten zwischen der kosmischen Sphinx auf Gustav Klimts ›Philosophie‹ und der Ich-Lehre des philosophierenden Physikers keinen Gegensatz empfunden. Die Welt hatte sich wieder verrätselt. Eine neue Romantik war angesagt. Ihr größter Dichter schrieb seine Strophen ›Weltgeheimnis‹: »Der tiefe Brunnen weiß es wohl. / Einst aber wußten alle drum, / Nun zuckt im Kreis ein Traum herum.«

Am Michaelerplatz gegenüber dem Looshaus ist das ›Griensteidl‹ wieder erstanden, das Café, das als Geburtsstätte der von Hermann Bahr lauthals ausgerufenen Moderne in die Literaturgeschichte einging. Der erste Auftritt des 16jährigen Hugo von Hofmannsthal, der unter dem Pseudonym Loris Melikow in dem Unterhaltungsblatt ›An der Schönen Blauen Donau‹ debütiert hatte, wurde sehr bald zu einer Art Epiphanie stilisiert: eines vom Parnaß geradewegs in die Stammtischrunde der ›Griensteidl‹-Literaten herabgestiegenen Wunderjünglings. Um seine Erscheinung kristallisierte sich der Geburtsmythos eines neuen poetischen Zeitalters. Das im Sommer 1990 nach einem fast hundertjährigen Schlaf wieder zum Leben erweckte Kaffeehaus macht es einem allerdings leicht, sich dem Bann der Legende zu entziehen, die Traumarbeit auf ihren latenten Wirklichkeitskern zu reduzieren. Denn es fehlt an allen Elementen, die den Gast hier zum Träumen verführen, die ihm die Fata Morgana einer mythischen Vergangenheit vorspiegeln könnten.

Liest man in diesem atmosphärelosen Interieur die oft zitierte Passage aus Stefan Zweigs ›Welt von gestern‹ über das erste Zusammentreffen des 28jährigen Hermann Bahr mit dem elf Jahre jüngeren Gymnasiasten nach, blättert der aufgetragene Märchenzauber rasch ab und läßt einen schlichteren Untergrund sehen. Der Chronist des am Anfang von ›Jung-Wien‹ stehenden »beinahe übernatürlichen Begebnisses« war zwar in Wien, aber erst 1881, also ein Jahrzehnt zu spät geboren. Daß er nur überliefern konnte, was Bahr und Schnitzler ihm erzählten, kam der Mythisierung des Ereignisses zugute. »Heute im Caféhaus Hermann Bahr vorgestellt«, heißt es lakonisch in Hofmannsthals Tagebuch unter dem 27. April 1891.

Ein Jahr später erinnerte sich Bahr in der ›Neuen Rundschau‹ an einen jungen Mann, der »wie von der Schleuder« mit unheimlicher Energie auf ihn zuschoß, »mir mitten ins Gesicht sozusagen«. Im dreißig Jahre darauf geschriebenen ›Selbstbildnis‹ verläuft die Begegnung viel weniger dramatisch: »Aber am nächsten Tag trat im Griensteidl ein schmaler Knabe, seine Verlegenheit in theresianisch näselnder Dreistigkeit verbergend, pagenhaft auf mich zu, mir lässig die weiche Hand hinhaltend.«

Merkwürdig an den Mitgliedern des ›Griensteidl‹-Kreises, zu dem neben Bahr und Hofmannsthal Arthur Schnitzler, Leopold von Andrian, Richard Beer-Hofmann, Felix Salten, der heute vergessene Felix Dörmann (Autor von zwei Gedichtbänden mit den charakteristischen Titeln ›Neurotica‹ und ›Sensationen‹) und mancher völlig Verschollene gehörten, berührt auch heute noch die selbstverständliche Koexistenz von somnambulem Künstlertum und hellwacher Reflexion. Sie beobachteten ihr Treiben und Schreiben aus sicherer Distanz, waren unablässig damit beschäftigt, sich selbst zu verstehen und zu interpretieren, und prägten die griffigen Formeln, die ihre Anders- und Einzigartigkeit für Mit- und Nachwelt festschrieben.

Sie inszenierten das Lebensgefühl, aus dem heraus sie dichteten, und filterten eben dieses Gefühlsaroma dann wieder aus ihren Dichtungen heraus, um es in Feuilletons über sich selbst und ihresgleichen zu kommentieren. Daß die Kulissenwelt Wiens dazu die unüberbietbaren Entstehungs- und Rahmenbedingungen bot, kann man, wenn man nicht gerade im ›Griensteidl‹ sitzt, heute noch nachempfinden. Im Zentrum des Selbstbildnisses, das sie in zahllosen Variationen einer rasch wachsenden Leserschaft offerierten, erschien die Figur der vergeblichen Sehnsucht nach dem wirklichen Leben. Leopold von Andrians 20jähriger Doppelgänger Erwin gesteht sich beklommen ein, daß er »die Lösung des Geheimnisses vom Leben nicht gefunden« habe – dabei bleibt es denn auch. In seinem anläßlich der Schließung des ›Griensteidl‹ 1897 veröffentlichten Pamphlet ›Die demolirte Litteratur‹ taufte Karl Kraus Andrians bei S. Fischer (gegen Kostengarantie) erschienenes Büchlein ›Der Garten der Erkenntnis‹, nach Hermann Bahr »das beste Werk, was (!) bisher die europäische Moderne hervorgebracht hat«, zum ›Kindergarten der Unkenntnis‹ um – das war mehr als nur ein witzig-böses Wortspiel.

Mit dem kleinen Drama ›Der Tor und der Tod‹ von 1893 hat Hofmannsthal das Gedicht seiner Generation geschaffen. In Claudio erkannte und bespiegelte sich der selbster-

Das ›Café Central‹ in der Wiener Herrengasse,
das Peter Altenberg als seine Postadresse angab

nannte Typus des Ästheten, des Décadent, des zugleich unendlich reichen und unendlich armen Spätgeborenen. Unendlich reich: Im Glanz der Abendsonne, die sein Dasein vergoldet, versammelt sich noch einmal die Schönheit eines langen Geschichtstages, ehe er erlischt. Dem Erben liegt die ganze Welt zu Füßen. Unendlich arm: Er ist zur Rolle des Zuschauers verdammt, die Teilnahme am Lebensspiel bleibt ihm versagt. Das unentmischbare Ineinander von Sein und Schein mündete in die Schlußverse von Schnitzlers Einakter ›Paracelsus‹: »Es fließen ineinander Traum und Wachen, / Wahrheit und Lüge. Sicherheit ist nirgends. / Wir wissen nichts von andern, nichts von uns; / Wir spielen immer; wer es weiß, ist klug.«

Auch das vom ›Griensteidl‹ nur ein paar Gehminuten entfernte ›Café Central‹ in der Herrengasse verweist auf eine Vergangenheit, die es nicht einlösen kann. Mit dem Kaffeehaus, das Peter Altenberg als seine Postadresse angab, hat es kaum mehr als den geschäftsfördernden Namen gemein. Das ›Central‹, sagte Polgar, sei kein Kaffeehaus, sondern eine Weltanschauung, und zwar eine, deren innerster Inhalt es sei, die Welt nicht anzuschauen. Für die Söhne der Ringstraßengeneration, die im Börsenkrach vom 9. Mai 1873, eine Woche nach der Eröffnung der Weltausstellung, vom Gipfel ihrer Gründerzeitherrlichkeit in den Untergang gestürzt war, bot die Wirklichkeit um 1890 ein unheimliches und abschreckendes Bild. »Manche freilich müssen drunten sterben.« Mit diesen Manchen, die eigentlich die Vielen waren und sich am 1. Mai 1890 im Prater zur ersten Arbeiter-Kundgebung zusammenfanden, wollten Loris und seine schöngeistigen Freunde nichts zu tun bekommen. »Während sie uns Zeit noch lassen, wollen wir uns Schönerm weih'n«, dichtete der Sechzehnjährige. Im Jahr darauf erschien gleichzeitig mit Hofmannsthals lyrischem Einakter ›Gestern‹ Hermann Bahrs Studie ›Die Überwindung des Naturalismus‹. Das Kaffeehaus war der Ort, der die Verdrängung der häßlichen Realität und ihrer Literatur ermöglichte. Es war für die Schriftsteller der Epoche im wörtlichen Sinn ein Alibi; unbehelligt von der Welt, die draußen blieb, auch von der Wiener Gesellschaft, die ihnen ihre Salons nicht öffnete, konnten sie ihren Träumen nachhängen.

Der Naturalismus war von gestern. Nun ließ man sich von Versen betören wie diesen: »Vergiß das Unverständliche, das war: / Das Gestern lügt und nur das Heut ist wahr!« Eigentlich war es die alte ›Fledermaus‹-Weisheit vom Glück des Vergeßlichen, nur in die Sprache des Ästhetizismus übersetzt und gerichtet gegen die Vergessenskünstler von gestern. Ein paar Jahre später wurde das Vergessen als Fehlleistung erkannt und der Psychopathologie des Alltagslebens zugerechnet. In seiner viel weniger harmlosen Form der Verdrängung erwies es sich als krank machender Abwehrmechanismus. Es war die Krankheit Wiens. Die Verdrängung funktionierte auch dem Diagnostiker gegenüber: Der Verkauf der sechshundert Exemplare von Freuds ›Traumdeutung‹ benötigte acht Jahre.

Ortsbesichtigung: Vom ›Griensteidl‹ ins ›Central‹, wohin »man« umzog, als das ›Griensteidl‹ geschlossen wurde; vom ›Central‹ ins ›Herrenhof‹, das, zum Café-Espresso degeneriert, am tiefsten gesunken ist. Die wenigen Schritte führen über den Abgrund des Zusammenbruchs der Monarchie; das ›Herrenhof‹ wurde im November 1918 gegründet. In den sternförmig angeordneten Logen des großen Saals hinter dem Vorderzimmer (nichts davon ist übrig) trafen sich die Schriftsteller der zwanziger und frühen dreißiger Jahre; hier saßen Robert Musil, Hermann Broch, Joseph Roth, Heimito von Doderer, Alexander Lernet-Holenia, Friedrich Torberg und die blutjunge Hilde Spiel, die 1933 mit inrem Roman ›Kati auf der Brücke‹ debütiert hatte. Ein bescheidenes Mehr an lebendiger Vergangenheit hat sich im ›Museum‹ nahe der Oper erhalten. Sein Architekt Adolf Loos nahm mit dieser Arbeit von 1899 die Prinzipien seines zehn Jahre später gehaltenen Vortrags über ›Ornament und Verbrechen‹ vorweg. Das »und« war als Gleichungszeichen gemeint. Der Verzicht auf alles, was im entferntesten an l'art pour l'art erinnern konnte, hatte dem ›Museum‹ bald den Namen ›Café Nihilismus‹ eingebracht.

Dort beobachtete Elias Canetti Anfang der dreißiger Jahre Tag für Tag einen zeitunglesenden Mann, der seinem Mentor Karl Kraus zum Verwechseln ähnlich sah. Er war es, und er war es nicht: So spielte er für den damals noch nicht 30jährigen Autor, der an seinem Roman ›Die Blendung‹ schrieb, die Rolle eines wichtigen Helfers bei der Ablösung von seinem Idol. Noch immer hatte er »die Fackel im Ohr«, aber die gottähnliche Autorität ihres alleinigen Verfassers war gebrochen. Stets saß sein Abbild für sich, stets blieb es stumm: ein schweigender Stellvertreter des Mannes, der unaufhörlich redete (in 922 Nummern der roten ›Fackel‹-Hefte und in Hunderten von Rezitationsabenden im Mozartsaal des Wiener Konzerthauses). Längst sehnte sich der Jünger nach dem Schweigen seines Meisters. Denn schon hatten ihn Zweifel an seiner Integrität beschlichen, die dann, nach den Ereignissen des Februar 1934 – der brutalen Zerschlagung der sozialdemokratischen Arbeiterpartei durch die Dollfuß-Regierung – in offene Enttäuschung umschlugen. Karl Kraus war erledigt; sein Tod im Juni 1936 wurde kaum mehr wahrgenommen. »Ich erwog keinen Augenblick den Gedanken, zum Begräbnis zu gehen.«

Karl Kraus sprach von Österreich als der »Versuchsstation des Weltuntergangs«; im Vorwort zu den ›Letzten Tagen der Menschheit‹ wird Wien zur Metapher erklärt: Daß die Figuren lebende Namen tragen, gebe keinem das Recht, ihre Taten und Gespräche für eine lokale Angelegenheit zu halten. Auch Vorgänge an der Sirk-Ecke seien von einem kosmischen Punkt regiert. In jedem großen Werk steckt die Tendenz, das Jetzt und Hier, dem es seine Entstehung verdankt, ins immer und überall Gültige auszuweiten. Reiz und Schrecken der Ortsbesichtigung liegen in ihrer Umkehrung: Das zu Weltruhm Gelangte und folglich ins Riesenhafte Vergrößerte wird an seinen Ursprung zurückgeholt, nimmt wieder sein menschliches, oft allzumenschliches Maß an. An der realen Sirk-Ecke verwandelt sich die Marstheater-Tragödie in eine durchaus lokale Angelegenheit, die Chronik eines Untergangs, der nicht die Apokalypse, sondern das Ende einer Epoche bedeutete. Merkwürdigerweise verliert sie dadurch nichts an Verbindlichkeit.

Räumliche und zeitliche Relativierungen. Es paßt alles zu gut zusammen, als daß das einzelne Element seinen Absolutheitsanspruch behaupten könnte. Untergangsvisionen sind eine Wiener Spezialität. Im vierten Stockwerk der Spiegelgasse 21, der »Geisterstraße« (Reinhold Schneider), ist 1872 Grillparzer gestorben, der sich einen »Dichter der letzten Dinge« nannte. Der junge Stifter, der im Kornhäusl-Haus in der Seitenstettengasse, dem heutigen Jüdischen Gemeindezentrum, wohnte, wird über der Schilderung eines Gangs durch die Nekropole unter dem Stephansplatz aus einem Idylliker technischer Errungenschaften wie des Ballons und des Fernrohrs zum Propheten der Vanitas alles Irdischen. Gute hundert Jahre später, im Winter 1957/58, reflektiert Reinhold Schneider, für ein halbes Jahr in Wien zu Gast, über den »betörenden Nihilismus der Walzermelodie« und findet ihren Vorläufer, Vortänzer in der Figur des lieben Augustin, dessen fröhlich-zynisches »Alles ist hin« sich der Auferstehung aus einer Pestgrube verdankt.

An dem immer für ihn freigehaltenen Logenplatz im Café Prückel am Stubenring liest Reinhold Schneider aktuelle naturwissenschaftliche Schriften. Forscher wie Erwin Schrödinger, Otto Hahn (den er am 13. November 1957 im Konzerthaus sprechen hört) und Karl von Frisch haben ihm mehr als die Künstler vom Menschlichen, vom Schicksal des Geistes, von Geschichte zu sagen. Die Botschaft, die er vernimmt, heißt: Allenthalben ist das Leben auf dem Weg zu seinem Tode. »Die biologische Situation des Menschen«, notiert er, »ist ebenso verzweifelt wie die kosmische.« Das Evangelium sagt das Gegenteil; es nimmt den Menschen vom Entropiegesetz aus. Doch der Diarist gesteht sich ein, daß er nicht imstande ist, diese Singularität im All zu leben; es zieht ihn zum Untergang mit der Kreatur.

An welchem Ort der Welt außer in Wien hätte Sigmund Freud auf seine Hypothese des Todestriebs verfallen können? »... zog ich den Schluß, es müsse außer dem Trieb, die lebende Substanz zu erhalten und zu immer größeren Einheiten zusammenzufassen, einen anderen, ihm gegensätzlichen, geben, der diese Einheiten aufzulösen und in den ursprünglichen, anorganischen Zustand zurückzuführen strebe. Also außer dem Eros einen Todestrieb ...« Nichts natürlicher, als daß der berühmteste Spezialist für Selbstmordfragen, Erwin Ringel, sein Institut und seine Professur in der Stadt mit der höchsten Selbstmordrate der westlichen Welt hatte. Daß der Tod ein Wiener sein muß, ist nicht erst die Erfindung von Georg Kreisler.

Wer heute, die scheußliche Kärntnerstraße und den abstoßend häßlich nach dem Krieg wieder aufgebauten Stephansplatz nach Möglichkeit meidend, die sonst noch immer faszinierende Architekturlandschaft des Inneren Bezirks durchwandert, tut gut daran, nicht zu fest aufzutreten. »Leicht muß man sein ...«: Das Rezept der Marschallin aus dem ›Rosenkavalier‹ gilt noch mehr als in der Zeit der sterbenden Monarchie. Denn wir gehen als Überlebende durch diese Stadt; die großen Glanzzeiten und die noch größeren Katastrophen liegen hinter uns.

Man darf ziemlich sicher sein, in den Kaffeehäusern weder auf gefeierte noch auf verkannte Genies zu stoßen. Schon deswegen, weil die ermordeten und verjagten Juden fehlen. Diese Selbstverstümmelung ist nicht wiedergutzumachen. Außerdem sorgen ein rühriges Literaturhaus (in der Zieglergasse) und die ›Schule für Dichtung‹ in der Esterhazygasse zuverlässig dafür, daß sich kein zweiter Fall Peter Altenberg ereignet. Ich sah seine Postkartensammlung mit den Fotografien junger Mädchen (lauter Lolitas) in der 1985 im Künstlerhaus veranstalteten Ausstellung ›Traum und Wirklichkeit – Wien 1870–1930‹. Die Postkarten gehörten einst zum Inventar des Zimmers, das Altenberg im Grabenhotel bewohnte. Hans Holleins Rekonstruktionen und Modelle (auch die Patientencouch und der Lehnstuhl Sigmund Freuds waren in einem vergoldeten Kunststoffguß nachgebildet) inszenierten eine Epoche, die ihrerseits schon Inszenierung gewesen war. Wien zehrt von seinem Mythos. Ein immer noch attraktiver Narziß, beugt es sich über das Bild, das ihm im Spiegel seiner Vergangenheit entgegentritt. »Das Gestern lügt und nur das Heut ist wahr!« Vielleicht ist die Zeit gekommen, Hofmannsthals Vers umzudichten: Das Heute lügt, das Gestern nur ist wahr. Er klingt nicht weniger schön.

Bildnachweis

S. 18: Thomas Ernsting/Bilderberg, Hamburg; S. 30: Gerhardt Wiener, Frankfurt; S. 37: Werner Richner, Saarlouis; S. 53: Martin Thomas, Aachen; S. 64: Jenzig-Verlag Gabriele Köhler, Jena; S. 81: Eberhard Grames/Bilderberg; S. 92: Werner Otto, Oberhausen; S. 104: Werner Otto, Oberhausen; S. 112: Jürgens Ost und Europa-Photo, Köln; S. 127: Ernst Wrba, Sulzbach; Umschlagfoto: Hans Madej, Bilderberg.

Literatur und Reisen im insel taschenbuch

Alt-Prager Geschichten. Gesammelt von Peter Demetz. Mit Illustrationen von Hugo Steiner-Prag. it 613

Alt-Wiener Geschichten. Gesammelt von Joseph Peter Strelka. Mit sechs farbigen Abbildungen. it 784

Ernst Batta: Römische Paläste und Villen. Annäherung an eine Stadt. Mit zahlreichen Abbildungen. it 1324

Bodensee. Reisebuch. Herausgegeben von Dominik Jost. Mit zahlreichen Abbildungen. it 1490

Bonn. Ein Städte-Lesebuch. Herausgegeben von Doris Maurer und Arnold E. Maurer. Mit zahlreichen Abbildungen. it 1224

Budapest. Reisebuch. Herausgegeben von Wilhelm Droste, Susanne Scherrer und Kristin Schwamm. Mit zahlreichen Fotografien. it 1801

Friedrich Dieckmann: Dresdner Ansichten. Spaziergänge und Erkundungen. Mit farbigen Fotografien. it 1766

Dresden. Ein Reisebuch. Herausgegeben von Katrin Nitzschke. Unter Mitarbeit von Reinhard Eigenwill. Mit zahlreichen Abbildungen. it 1365

Flandern. Lesarten einer Stadt. Herausgegeben von Werner Jost und Joost de Geest. it 1254

Florenz. Lesarten einer Stadt. Herausgegeben von Andreas Beyer. Mit zahlreichen Illustrationen. it 633

Florida. Reisebuch. Herausgegeben von Katharina Frühe und Franz Josef Görtz. Mit zahlreichen Abbildungen. it 1492

Theodor Fontane: Jenseit des Tweed. Bilder und Briefe aus Schottland. Mit zahlreichen Abbildungen und einem Nachwort herausgegeben von Otto Drude. it 1066

– Ein Sommer in London. Mit einem Nachwort von Harald Raykowski. it 1723

Georg Forster: Reise um die Welt. Herausgegeben und mit einem Nachwort von Gerhard Steiner. it 757

Frankfurt. Reisebuch. Herausgegeben von Herbert Heckmann. Mit zahlreichen Abbildungen. it 1438

Johann Wolfgang Goethe: Italienische Reise. Mit vierzig Zeichnungen des Autors. Herausgegeben und mit einem Nachwort versehen von Christoph Michel. it 175

Johann Wolfgang Goethe: Tagebuch der Italienischen Reise 1786. Notizen und Briefe aus Italien. Mit Skizzen und Zeichnungen des Autors. Herausgegeben und erläutert von Christoph Michel. it 176

– Kampagne in Frankreich 1792. Belagerung von Mainz. Herausgegeben und mit einem Nachwort von Jörg Drews. Mit zeitgenössischen Abbildungen. it 1525

158/1/12.96

Literatur und Reisen
im insel taschenbuch

Walter Haubrich / Eva Karnofsky: Die großen Städte Lateinamerikas. Sechzehn Städtebilder. Von Walter Haubrich und Eva Karnofsky. Mit farbigen Fotografien. it 1601

Hamburg. Ein Städte-Lesebuch. Herausgegeben von Eckart Kleßmann. it 1312

Victor Hehn: Olive, Wein und Feige. Kulturhistorische Skizzen. Herausgegeben von Klaus von See unter Mitwirkung von Gabriele Seidel-Leimbach. Mit farbigen Abbildungen. it 1427

Heidelberg-Lesebuch. Stadt-Bilder von 1800 bis heute. Herausgegeben von Michael Buselmeier. it 913

Heinrich Heine: Italien. Mit farbigen Illustrationen von Paul Scheurich. it 1072

Hermann Hesse: Luftreisen. Berichte und Gedichte. Herausgegeben und mit einem Nachwort versehen von Volker Michels. Mit zahlreichen Abbildungen. it 1604

– Mit Hermann Hesse durch Italien. Ein Reisebegleiter durch Oberitalien. Mit farbigen Fotografien. Herausgegeben von Volker Michels. it 1120

– Tessin. Betrachtungen, Gedichte und Aquarelle des Autors. Herausgegeben von Volker Michels. it 1494

Mit Hermann Hesse reisen. Betrachtungen und Gedichte. Herausgegeben von Volker Michels. it 1242

Erhart Kästner: Griechische Inseln. Aufzeichnungen aus dem Jahre 1944. Mit einem Nachwort von Heinrich Gremmels. it 118

– Kreta. Aufzeichnungen aus dem Jahre 1943. Mit einem Nachwort von Heinrich Gremmels. it 117

– Ölberge, Weinberge. Ein Griechenland-Buch. Mit Zeichnungen von Helmut Kaulbach. it 55

– Ölberge, Weinberge. Die Stundentrommel vom heiligen Berg Athos. 2 Bände in Kassette. it 55/56

– Die Stundentrommel vom heiligen Berg Athos. it 56

Harald Keller: Die Kunstlandschaften Italiens. Toskana. Florenz. Umbrien. Rom. Lombardei. Emilia. Venedig. Zwei Bände in Kassette. Mit zahlreichen Abbildungen. it 1576

Kunstführer durch Sachsen und Thüringen. Herausgegeben von Katharina Flügel. Mit farbigen Abbildungen. it 1327

London. Eine europäische Metropole in Texten und Bildern. Herausgegeben von Norbert Kohl. it 322

158/2/12.96

Literatur und Reisen
im insel taschenbuch

Doris Maurer / Arnold E. Maurer: Literarischer Führer durch Italien. Ein Insel-Reiselexikon. Mit zahlreichen Abbildungen, Karten und Registern. it 1071

Günter Metken: Reisen durch Europa. Andere Wege zu Kunst und Kultur. Von Günter Metken. Mit zahlreichen Fotografien. it 1572

Mit Fontane durch die Mark Brandenburg. Herausgegeben von Otto Drude. Mit farbigen Fotografien von Christel Wollmann-Fiedler. it 1798

Mit Rilke durch das alte Prag. Herausgegeben von Hartmut Binder. Mit zahlreichen Abbildungen. it 1489

Michel de Montaigne: Tagebuch einer Reise durch Italien. Aus dem Französischen von Otto Flake. it 1074

Moskau. Ein literarischer Führer. Von Sigrun Bielfeldt. Mit zahlreichen Abbildungen. it 1382

München. Ein Lesebuch. Herausgegeben von Reinhard Bauer und Ernst Piper. Mit zahlreichen Abbildungen. it 827

Ernst Penzoldt: Sommer auf Sylt. Liebeserklärungen an eine Insel. Mit farbigen Zeichnungen des Verfassers. Herausgegeben von Volker Michels. it 1424

Potsdam. Ein Reisetagebuch. Herausgegeben von Doris Maurer und Arnold E. Maurer. Mit farbigen Abbildungen. it 1432

Prag. Ein Lesebuch. Herausgegeben von Jana Halamicková. Mit zahlreichen Abbildungen. it 994

Reisen durch Deutschland. Von Gustav Faber. Mit farbigen Fotografien. it 1595

Reisen mit Mark Twain. Für Reiselustige ausgewählt und zusammengestellt von Norbert Kohl. it 1594

Rom. Ein Städte-Lesebuch. Herausgegeben von Michael Worbs. it 921

Salzburg. Ein Städte-Lesebuch. Herausgegeben von Adolf Haslinger. Mit zahlreichen Abbildungen. it 1326

Schwarzwald und Oberrhein. Literarischer Führer. Herausgegeben von Hans Bender und Fred Oberhauser. Mit zahlreichen Abbildungen. it 1330

Sommerliebe. Zärtliche Geschichten. Für den Reisekoffer gepackt von Franz-Heinrich Hackel. it 1596

Südtirol. Ein literarisches Landschaftsbild. Herausgegeben von Dominik Jost. it 1317

Toskana. Ein literarisches Landschaftsbild. Herausgegeben von Andreas Beyer. Mit Fotografien von Loretto Buti. it 926

158/3/12.96

Literatur und Reisen
im insel taschenbuch

Trier. Deutschlands älteste Stadt. Herausgegeben von Michael Schroeder. Mit zahlreichen Fotografien. it 1574

Tübingen. Ein Städte-Lesebuch. Herausgegeben von Gert Ueding. Mit zahlreichen Abbildungen. it 1246

Tunesien. Ein Reisebuch. Herausgegeben von Hans-Ulrich Wagner. it 1802

Mark Twain: Reisen ums Mittelmeer. Vergnügliche Geschichten. Ausgewählt von Norbert Kohl. it 1799

Umbrien. Ein Reisebuch. Herausgegeben von Isolde Renner. Mit zahlreichen Abbildungen. it 1491

Venedig. Herausgegeben von Doris Maurer und Arnold E. Maurer. Mit zahlreichen Abbildungen. it 626

Venedig. Literarischer Führer. Herausgegeben von Doris Maurer und Arnold E. Maurer. Mit farbigen Abbildungen. it 1413

Warum in die Ferne? Das Lesebuch vom Daheimbleiben. Eingerichtet von Hans Christian Kosler. it 1332

Die Welt der Museen. Herausgegeben von Joachim Rönneper. it 1493

Westfalen. Ein Reiselesebuch. Herausgegeben von Hans Georg Schwark und Fred Oberhauser. Mit zahlreichen Abbildungen. it 1394

Wien. Ein Reisebuch. Herausgegeben von Joseph Peter Strelka. Mit farbigen Fotografien. it 1573

Wien im Gedicht. Herausgegeben von Gerhard C. Krischker. it 1438

Wiener Adressen. Ein kulturhistorischer Wegweiser. Von Dietmar Grieser: it 1203

158/4/12.96

Biographien, Leben und Werk im insel taschenbuch

Peter Altenberg. Leben und Werk in Texten und Bildern. Herausgegeben von Hans Christian Kosler. it 1854

Lou Andreas-Salomé: Lebensrückblick. Grundriß einiger Lebenserinnerungen. Aus dem Nachlaß herausgegeben von Ernst Pfeiffer. Neu durchgesehene Ausgabe mit einem Nachwort des Herausgebers. it 54

– Rainer Maria Rilke. Mit acht Bildtafeln im Text. Herausgegeben von Ernst Pfeiffer. it 1044

Elizabeth von Arnim: Elizabeth und ihr Garten. Aus dem Englischen von Adelheid Dormagen. it 1293 und Großdruck. it 2338

Angelika Beck: Jane Austen. Leben und Werk in Texten und Bildern. it 1620

Marian Brandys: Maria Walewska. Napoleons große Liebe. Eine historische Biographie. it 1835

Bertolt Brecht. Sein Leben in Bildern und Texten. Mit einem Vorwort von Max Frisch. Herausgegeben von Werner Hecht. it 1122

Die Schwestern Brontë. Leben und Werk in Texten und Bildern. Herausgegeben von Elsemarie Maletzke und Christel Schütz. it 814

Robert de Traz: Die Familie Brontë. Eine Biographie. Aus dem Französischen von Maria Arnold. Mit einem Beitrag von Mario Praz und zahlreichen Abbildungen. it 1548

Georg Büchner. Leben und Werk in Texten und Bildern. Von Reinhold Pabst. it 1626

Hans Carossa: Ungleiche Welten. Lebensbericht. it 1471

Benvenuto Cellini: Leben des Benvenuto Cellini florentinischen Goldschmieds und Bildhauers. Von ihm selbst geschrieben, übersetzt und mit einem Anhange herausgegeben von Johann Wolfgang Goethe. Mit einem Nachwort von Harald Keller. it 525

Cézanne. Leben und Werk in Texten und Bildern. Von Margret Boehm-Hunold. it 1140

George Clémenceau: Claude Monet. Betrachtungen und Erinnerungen eines Freundes. Mit farbigen Abbildungen und einem Nachwort von Gottfried Boehm. it 1152

Sigrid Damm: Cornelia Goethe. it 1452

– »Vögel, die verkünden Land.« Das Leben des Jakob Michael Reinhold Lenz. it 1399

Joseph von Eichendorff. Leben und Werk in Texten und Bildern. Herausgegeben von Wolfgang Frühwald und Franz Heiduk. it 1064

162/1/12.96

Biographien, Leben und Werk im insel taschenbuch

Elisabeth von Österreich. Tagebuchblätter von Constantin Christomanos. Herausgegeben von Verena von der Heyden-Rynsch. Mit Beiträgen von E. M. Cioran, Paul Morand, Maurice Barrès und Ludwig Klages. Mit zeitgenössischen Abbildungen. it 1536

Die Familie Mendelssohn. 1729 bis 1847. Nach Briefen und Tagebüchern herausgegeben von Sebastian Hensel. Mit einem Nachwort von Konrad Feilchenfeldt. it 1671

Theodor Fontane: Kriegsgefangen. Erlebnisse 1870. Herausgegeben von Otto Drude. Mit zahlreichen Abbildungen. it 1437

– Meine Kinderjahre. Autobiographischer Roman. Mit einem Nachwort von Otto Drude. it 705

Theodor Fontane. Leben und Werk in Texten und Bildern. Von Otto Drude. it 1660

Frauen mit Flügel. Lebensberichte berühmter Pianistinnen. Von Clara Schumann bis Clara Haskil. Herausgegeben und mit einem Nachwort von Eva Rieger und Monica Steegmann. it 1714

Sigmund Freud. Sein Leben in Bildern und Texten. Herausgegeben von Ernst Freud, Lucie Freud und Ilse Grubrich-Simitis. Mit einer biographischen Skizze von K. R. Eissler. Gestaltet von Willy Fleckhaus. it 1133

Dagmar von Gersdorff: Marie Luise Kaschnitz. Eine Biographie Mit zahlreichen Abbildungen. it 1887

Klaus Goch: Franziska Nietzsche. Eine Biographie. Mit zahlreichen Abbildungen. it 1623

Goethe. Sein Leben in Bildern und Texten. Vorwort von Adolf Muschg. Herausgegeben von Christoph Michel. Gestaltet von Willy Fleckhaus. it 1000

Manfred Wenzel: Goethe und die Medizin. Selbstzeugnisse und Dokumente. Herausgegeben von Manfred Wenzel. Mit zahlreichen Abbildungen. it 1350

Herman Grimm: Das Leben Michelangelos. it 1758

Gernot Gruber: Mozart. Leben und Werk in Texten und Bildern. it 1695

Klaus Günzel: Die Brentanos. Eine deutsche Familiengeschichte. Mit zahlreichen Abbildungen. it 1929

Adele Gundert: Marie Hesse. Die Mutter von Hermann Hesse. Ein Lebensbild in Briefen und Tagebüchern. Mit einem Essay von Siegfried Greiner und Illustrationen von Gunter Böhmer. it 261

Heinrich Heine. Leben und Werk in Daten und Bildern. Von Joseph A. Kruse. Mit farbigen Abbildungen. it 615

162/2/12.96

Biographien, Leben und Werk im insel taschenbuch

Hermann Hesse. Sein Leben in Bildern und Texten. Mit einem Vorwort von Hans Mayer. Herausgegeben von Volker Michels. it 1111

Volker Michels: Hermann Hesse. Leben und Werk im Bild. Mit dem ›kurzgefaßten Lebenslauf‹ von Hermann Hesse. it 36

Hölderlin. Chronik seines Lebens mit ausgewählten Bildnissen. Herausgegeben von Adolf Beck. it 83

Eckart Kleßmann: E.T.A. Hoffmann oder Die Tiefe zwischen Stern und Erde. Eine Biographie. Mit zahlreichen Abbildungen. it 1732

Peter Huchel. Leben und Werk in Texten und Bildern. Herausgegeben von Peter Walther. it 1805

Kirsten Jüngling / Brigitte Roßbeck: Elizabeth von Arnim. Biographie. Mit zahlreichen Photographien. it 1840

Erhart Kästner. Leben und Werk in Daten und Bildern. Herausgegeben von Anita Kästner und Reingart Kästner. it 386

Marie Luise Kaschnitz: Tage, Tage, Jahre. Aufzeichnungen. it 1453

Katharina die Große: Memoiren. Aus dem Französischen und Russischen übersetzt von Erich Boehme. Mit einem Nachwort von Hedwig Fleischhacker. it 1858

Harry Graf Kessler: Tagebücher 1918-1937. Herausgegeben von Wolfgang Pfeiffer-Belli. it 1779

Gisela Kleine: Gabriele Münter und die Kinderwelt. Mit farbigen Abbildungen. it 1924

– Gabriele Münter und Wassily Kandinsky. Biographie eines Paares. Mit farbigen Abbildungen. it 1611

Eckart Kleßmann: Die Mendelssohns. Bilder aus einer deutschen Familie. Mit zahlreichen Abbildungen. it 1523

Werner Koch: Lawrence von Arabien. Leben und Werk in Texten und Bildern. Mit einem Bildteil und Lebensdaten von Michael Schroeder. it 1704

Cordula Koepcke: Lou Andreas-Salomé. Leben. Persönlichkeit. Werk. Eine Biographie. it 905

Oskar Kokoschka. Leben und Werk in Daten und Bildern. Herausgegeben von Norbert Werner. it 909

Monique Lange: Edith Piaf. Die Geschichte der Piaf. Ihr Leben in Texten und Bildern. Aus dem Französischen von Hugo Beyer. Mit einer Discographie. it 516

Mütter berühmter Männer. Zwölf biographische Porträts. Herausgegeben von Luise F. Pusch. it 1356

Jean Orieux: Das Leben des Voltaire. Aus dem Französischen von Julia Kirchner. Mit einer Zeittafel und einem kommentierten Personenregister. it 1651

162/3/12.96

Biographien, Leben und Werk im insel taschenbuch

Ernst Penzoldt. Leben und Werk in Texten und Bildern. Herausgegeben von Ulla Penzoldt und Volker Michels. it 547

August von Platen: Memorandum meines Lebens. Herausgegeben von Gert Mattenklott und Hansgeorg Schmidt-Bergmann. it 1857

Renate Wiggershaus: Marcel Proust. Leben und Werk in Texten und Bildern. it 1348

Gwen Raverat: Eine Kindheit in Cambridge. Roman. Aus dem Englischen übertragen von Leonore Schwartz. it 1592

Requiem für eine romantische Frau. Die Geschichte von Auguste Bußmann und Clemens Brentano. Nach gedruckten und ungedruckten Quellen überliefert von Hans Magnus Enzensberger. Aus neuen Funden ergänzt und mit einem Capriccio als Zugabe. it 1778

Rainer Maria Rilke. Leben und Werk im Bild. Von Ingeborg Schnack. Mit einer biographischen Einführung und einer Zeittafel. it 35

George Sand. Leben und Werk in Texten und Bildern. Von Gisela Schlientz it 565

Ida Schöffling: Katherine Mansfield. Leben und Werk in Texten und Bildern. it 1687

Arthur Schopenhauer. Leben und Werk in Texten und Bildern. Herausgegeben von Angelika Hübscher. it 1059

Misia Sert: Pariser Erinnerungen. Aus dem Französischen von Hedwig Andertann. Mit einem Bildteil. it 1180

Margarete Susman: Frauen der Romantik. Mit zahlreichen Abbildungen. it 1829

Töchter berühmter Männer. Neun biographische Porträts. Herausgegeben von Luise E. Pusch. it 979

Siegfried Unseld: Hermann Hesse. Werk und Wirkungsgeschichte. Revidierte und erweiterte Fassung der Ausgabe von 1973. Mit zahlreichen Abbildungen. it 1112

Voltaire. Leben und Werk in Texten und Bildern. Von Horst Günther. it 1652

Wilhelmine von Bayreuth: Eine preußische Königstochter. Glanz und Elend am Hofe des Soldatenkönigs in den Memoiren der Markgräfin Wilhelmine von Bayreuth. Aus dem Französischen von Annette Kolb. Neu herausgegeben von Ingeborg Weber-Kellermann. Mit Illustrationen von Adolph Menzel. it 1280

Virginia Woolf. Leben und Werk in Texten und Bildern. Herausgegeben von Renate Wiggershaus. it 932

Stefan Zweig. Leben und Werk im Bild. Herausgegeben von Donald Prater und Volker Michels. it 532

162/4/12.96